대학을 사로잡는
자기소개서,
추천서

대학을 사로잡는

자기소개서,
추천서

박종석 · 김철종 · 김경식 ·

안세봉 · 손규상 지음

이담
Books

머리말

대학으로 가는 길이 얼마나 다양한지……. 학생들은 교과 공부만 하는 데도 시간이 부족한데 자기소개서마저 써야 한다. 교사들은 학생 지도로 바쁜 와중에 이를 지도해야 하는 이중고를 겪고 있다. 참으로 답답하기만 한 현실이다.

자기소개서가 대학입시에서 얼마나 중요한지는 두말할 필요가 없다. 하지만 교육 현장에서 자기소개서 쓰기 지도가 제대로 이루어지지 않고 있는 상황에서 학생들 혼자서 이를 쓰기가 쉽지만은 않다. 학부모의 입장에서도 자녀의 자기소개서에 신경이 많이 쓰일 수밖에 없지만 달리 도울 방법이 마땅치 않다. 교사 또한 효과적인 입시 지도를 위해서는 자기소개서의 전체적인 방향을 알아야 할 필요가 있다. 이 책은 이들에게 두루 도움이 될 것이다.

특히 고등학교 1, 2학년 학생들은 이 책에 실린 선배들의 이야기를 참조해 미리 준비할 수 있다는 점에서 도움이 될 것이고, 입시가 당장 눈앞인 3학년 학생들은 이 책에 실린 많은 예를 통해 자기소개서 쓰기에 훨씬 쉽게 접근할 수 있을 것이다.

인문계 고교에서 20년이 넘도록 진학 지도만을 해 온 필자들은 학생, 학부모, 교사들이 자기소개서 작성을 어려워하는 모습을 수없이 보아 왔다. 이 책에는 필자들의 수년간의 입시 지도 경험이 바탕에 깔려 있다. 인터넷으로 접하는 자기소개서 쓰기의 한계를 넘어서는 방법을 제시하고자 노력했다. 보다 실질적이고 보다 치밀하게 자기소개서 쓰는 방향을 짚어줄 수 있는 책이기를 바란다. 더불어 이 책이 자기소개서 작성을 쉽게 할 수 있도록 돕는 역할을 한다면, 또한 자기소개서로 걱정하는 이들에게 조금이나마 위안이 되었으면 하는 바람이다.

박종석, 김철종, 김경식, 안세봉, 손규상

Contents

머리말 4

PART 1. 자기소개서의 의미 ··· 9

PART 2. 자기소개서의 중요 항목 ······························· 19

    1. 성장배경 ·· 29
    2. 지원동기 ·· 37
    3. 입학 후 학업계획과 향후 진로계획 ·· 42
    4. 개인의 장·단점 ·· 49
    5. 비교과 활동 ·· 53
    6. 독서 활동 ·· 62

PART 3. 자기소개서 작성과 지도방법 ························· 69

    1. 자기소개서 작성 ·· 71
    2. 자기소개서 고쳐쓰기 ·· 84
    3. 자기소개서 작성 유의점 ·· 90

PART 4. 추천서 쓰기 ·· 91

    1. 추천서 작성 ·· 94
    2. 추천서 작성 유의점 ·· 95
    3. 추천서 항목별 공통양식 ·· 96

PART 5. 지원 대학별 자기소개서와 추천서 사례 ········· 111

    1. 지원 대학별 자기소개서 사례 ·· 113
    2. 지원 대학별 추천서 사례 ·· 163

PART 1

자기소개서의 의미

자기소개서는 결국, 대학에서 요구하는 평가 도구이자 평가 요소를 담아야 한다. 물론 대학에서 요구하는 평가 도구는 교과 성적, 비교과 활동뿐 아니라 논술, 적성검사, 면접 등이다. 이러한 객관적인 자료 외에 학생이 대학에 자신의 성장과정 및 교육과정, 잠재력을 표현할 수 있는 것이 바로 자기소개서이다.

자기소개서의 의미 PART 1

일생의 삶을 기록하는 방법에는 자서전(自敍傳)이 있다. 물론 스스로 기톤해야 하기 때문에 상세하게 기록할 수 있다는 장점이 있지만, 도그마에 빠질 우려가 있다. 왜냐하면 긍정적인 태도와 위기 극복의 자화자찬(自畵自讚)의 함정에 놓일 수 있기 때문이다. 그리고 제삼자가 기록하는 전기류의 위인전, 문학적 일대기를 다루는 평전(評傳)이 있다.

이와는 조금 다른 지점에서 현실적인 필요성에 의해 기록해야 하는 자기소개서가 있다. 이는 기업이나 대학에서 필요한 경우이다. 앞의 것들은 출판이나 판매가 이루어지나, 뒤의 것은 개인의 특정한 목적을 위해 작성해야 한다. 앞의 내용을 쓰는 방법이 있듯이 뒤의 내용도 작성하는 요령이 필요할 것이다. 이에 대해서 알아두면 자신의 목적을 이루는 데 유용할 것이다.

다음은 일반적인 자기소개서와 대학에서 요구하는 자기소개서의 예를 통해 '의미'가 어떻게 달라지는지를 보자.[1]

- 기업에서 요구하는 자기소개서
(가) 청소년의 사회성을 기르기 위한 목적으로 열린 청소년 여름 캠프에서 보조 교사로 활동하였습니다. 저는 레크리에이션 중에서 아침 체조를 보조하였는데 원래 율동에 자신이 없던 저는 지인들에게 율동을 배워서 청소년들에게 좋은 레크리에이션 프로그램을 제공할 수 있었습니다.

(나) 청소년의 사회성을 기르기 위한 목적으로 열린 청소년 여름 캠프에서 보조 교사로 활동하였습니다. 저는 레크리에이션을 보조하였는데 아무래도 기본적인 프로그램만으로는 짧은 기간 내에 학생들의 사회성을 기르는 것이 어렵다고 생각하였고 서로에 대한 친밀감을 높일 수 있는 아침 체조를 제안하였습니다. 원래 율동에 자신이 없던 저는 지인들에게 율동을 배워서 청소년들에게 좋은 레크리에이션 프로그램을 제공할 수 있었습니다. 특히 자연스러운 스킨십을 유도할 수 있는 동작을 많이 활용하였기 때문에 학생들이 서로에게 마음을 여는 데 아주 큰 도움이 되었습니다.

위 글 (나)는 지원자가 성실과 책임감이라는 인재상에 대입해 에피소드를 작성했기에 (가)보다는 "성실하다는 것과 책임감이 강하다는 것을 보다 확실하게 전달할 수 있다"[2]는 것을 알 수 있다. 같은 내용이라도 어떻게 포장하느냐에 따라 지원자에 대해 채점자들이 매우 다르게 받아들일 수 있다.

- 대학에서 요구하는 자기소개서
2. 고등학교 재학 중에 지적 호기심을 가지고 학업능력을 향상시키기 위해 노력한 내용을 써주십시오.
▶ 고등학교 재학경험이 없거나, 졸업한 지 오래된 경우에는 최근 3년간의 활동을 중심으로 기술하면 됩니다.

---

1) 김연욱, 「에피소드 작성하기」, 『대기업을 사로잡는 자기소개서』, 세창미디어, 2010, 71쪽.
2) 위의 책, 73쪽.

▶ 띄어쓰기를 포함하여 1,000자 이내로 작성해야 합니다.

평소부터 과학 교과에 관심이 많아 과학에 관련된 활동들에 많이 참여하였는데, 고등학교 1학년 겨울방학 무렵 ○○○○ 과학영재 교육원에서 주관하는 '과학영재교육과정'이 있다는 소식을 듣고 선발과정을 거쳐 보다 심층적인 과학 공부를 시작하였습니다. 그곳에서 나일론 실의 합성실험과 헤어젤을 만드는 등의 다양한 고분자 실험뿐 아니라, 화석을 채취하는 등의 야외 조사도 나가면서 학교에서 행하는 교과서 위주의 학습보다 재미있고 더 깊은 부분까지 공부할 수 있어서 제가 자연과학에 대해 보다 깊은 공부를 하겠다는 확신을 가지게 해 주었습니다.
고등학교 2학년 때 지구과학 교과에 대한 관심을 가지고 공부하다가 한국 지구과학 올림피아드에 참가하였습니다. 예선에 통과하여 천문학, 지질학, 고체지구과학, 유체지구과학 등의 다양한 분야를 공부하였고, 이렇게 지구과학을 공부하면서 화학에 대한 흥미도 커져서 화학 심화과정도 같이 공부하여 화학과 지구과학에 대한 많은 지식을 얻을 수 있었습니다.
수학 분야에서는 고등학교 때 수학 교과에 대한 큰 관심을 가지고 공부하여 교내 수학경시대회에서도 2, 3학년 때 장려상(3등)과 은상(2등)을 수상하였습니다. 또 포항공과대학교(POSTEC)에서 주최하는 전국 수학경시대회와 ○○시 수학경시대회에 참가하여 학교에서 쉽게 다룰 수 없는 여러가지 정리들과 내용들에 대한 심층적인 수학 공부를 할 수 있었습니다.
저는 ○○시교육청에서 실시하는 '영어심화교육'을 통해, 학교에서 할 수 있는 독해, 청해뿐 아니라 에세이를 쓰고 영어 토론을 하면서 영어에 관한 더 실용적이고 깊은 공부를 할 수 있었습니다. 그리고 그것을 시작으로, 스스로 열심히 공부를 한 결과 TEPS시험의 점수도 600점대 초반에서 729점까지 올렸습니다.
또 저는 창의력 올림피아드에 출전하여 학교 교육에서 간과되기 쉬운 창의력 증진을 위해 노력하였습니다. 팀을 만들어 창의적으로 대본을 짜고 주제에 맞는 연극의 내용을 구상하면서 창의력을 향상시킬 수 있었습니다.

위의 글은 학생이 구체적으로 어떤 활동을 했는지를 잘 보여 주는 자기소개서이다. 기업체의 자기소개서와 공통점은 요구하는 바를 정확하게 인지하여 기술하는 것이고, 또한 상세하게 표현하고 있다는 점이다. 다만 대학에서 요구하는 이러한 자기소개서는, 특히 대학입시에서 다루어질 자기소개서는 진학과 직접적인 관련이 있다는 점에서 꼼꼼하게 따져 볼 필요가 있다. 기업체에서 요구하는 자기소개서와 달리 대학에서 요구하는 자기소개서는 다음과 같은 의미를 담고 있다.

○ 학생의 흥미와 노력의 과정을 보여 주는 자료이다.
○ 전형 과정에서 대학이 요구하는 사항을 점검 받는 자료이다.
○ 생기부에 기록되지 않는 학생의 잠재 능력을 보여 주는 자료이다.[3]
○ 성장과정에서 겪은 생활을 보여 줌으로써 학생의 문제 해결 능력을 보여주는 자료이다.
○ 대학 진학 학과와 관련한 학생의 우수한 사고력과 전공 적합 여부를 판단하는 자료이다.

자기소개서는 결국, 대학에서 요구하는 평가 도구이자 평가 요소를 담아야 한다. 물론 대학에서 요구하는 평가 도구는 교과 성적, 비교과 활동뿐 아니라 논술, 적성검사, 면접 등이다. 이러한 객관적인 자료 외에 학생이 대학에 자신의 성장과정 및 교육과정, 잠재력을 표현할 수 있는 것이 바로 자기소개서이다.

자기소개서에서 자신만의 잠재력과 우수성을 보여 주기에는 학교 생활 자체가 일반적으로 비슷하기 때문에 기록할 만한 내용이 없다

---

3) 「제3장 입학사정관제에서의 추천서, 자기소개서 실제」, 『입학사정관제와 추천서, 자기소개서 실제』, 울산광역시교육과학연구원, 2010, 349쪽.

고 생각할 수 있다. 하지만 교내외 활동을 통해서 어떻게 표현하느냐에 따라 학생의 잠재력과 학업능력을 검증받을 수 있다. 그래서 자기소개서의 그 의미가 상당히 달라질 수 있다. 그러나 소위 말하는 스펙을 쌓기 위해 과장된 표현을 하거나 인용 처리 없이 그대로 베끼는 것이라면 차라리 대학을 지원하지 않는 것이 낫다.

> 미국 뉴저지 주 무어스타운 고등학교에서 생긴 일이다. 뉴욕타임스 2003년 7월 20일자에 따르면 이 학교의 블레어 혼스타인은 수석 졸업과 함께 하버드대 입학을 앞두고 있었다.
> 그런데 이 학생이 재학 중 지역 신문에 기고했던 5건의 글이 빌 클린턴 전 대통령의 연설과 연방대법관의 저술에서 많은 구절을 그대로 가져왔음이 밝혀졌다. 문제가 되자 이 학생은 출처를 밝히지 않은 이유를 저널리스트로서 경험 부족 탓으로 돌리며 신문에 기고하는 글은 그래도 되는 줄 알았다고 변명했다. 온라인을 통해 입학 취소 서명운동이 일어나자 하버드대는 입학 허가를 전격적으로 취소하기에 이른다. 하버드대 입학허가를 받은 학생은 정직성과 도덕성에 흠결이 드러날 경우 입학이 취소될 수 있다는 서류에 서명하도록 요청받는데 표절이 이에 해당한다고 본 것이다.
> 신문을 교육에 활용하는 NIE는 미국 등 선진국에선 오래전부터 활성화되었으며 대학 등 상급학교 진학에 중요한 자료로 쓰인다. 우리나라에서는 대학입시 경쟁이 과열되면서 고등학생이 이른바 스펙을 쌓으려고 신문에 기고하는데 그치지 않고 전문학술지에 글을 보내거나 단행본을 내는 사례까지 나온다. 이와 관련한 사교육 시장도 생겼다. 사정이 이렇다 보니 부작용이 만만치 않다.
> 　　　　　　　　　 - 남형두, 「'표절' 기고, 미 어느 고교생의 교훈」,
> 　　　　　　　　　　　　　　　　　　　　　　《동아일보》에서

자기소개서 작성 시에, 자신만 알 것이라고 생각해서 증빙할 수 없는 자료를 있는 것처럼 표현한다면 대학 합격 여부뿐만 아니라 사회적 문제까지 비화될 수 있다. 위 글은 이를 잘 보여 준다.

또 스펙을 쌓기 위해 노력하는 학생의 모습이 결코 좋아 보이지 않는다는 서울대 교수의 말에도 귀를 기울일 필요가 있다. "수시 입학 시험 서류평가를 하다 보면 실로 엄청나게 다양한 경력을 자랑하는 지원서를 만날 때가 있다. 하지만 수(數)만 많았지 가점(加點)을 받을 만한 알맹이는 없는 경우가 대부분이라서 합격에 도움이 되지 못할 때가 많다. 그냥 '애랑 엄마랑 무지 고생했겠다' 싶은 생각이 들 뿐이다. 안타깝지만 헛고생한 것이다."[4]

자기소개서는 자신만의 노력과 열정, 교과 성적을 객관적 시각으로 기술해야 한다. 이 책은 적어도 수험생들에게 하나의 방향을 제시하는 것이지, 이 책에 나오는 참고할 만한 내용이나 스펙을 그대로 표절(剽竊, plagiarism)하라는 것이 아니다. 이 책은 다만 길라잡이 역할을 할 뿐이다. 자기소개서 작성 시에 표절에 대해 심각하게 생각해야 한다. 자기소개서는 학생 고유의 스펙을 정리하는 것이기 때문에 표절해서는 안 된다. 표절의 개념이 모호하기 때문에 이에 대해 알아둘 필요가 있다. 표절은 다른 사람의 아이디어나 방법, 혹은 글로 표현된 말을 출처를 밝히지 않고 가져옴으로써 그것들이 이러한 기만행위를 하는 자의 것으로 간주되게 할 의도를 가진 행위를 말한다.[5] 표절의 행위를 (1) 텍스트의 표절, (2) 아이디어의 표절, (3) 부적절한 바꿔쓰기를 통한 표절, (4) 요약을 통한 표절, 패치라이팅(patchwriting: 원문을 복사해서 몇 개의 단어를 삭제하거나, 문장 구조를 바꾸거나, 동의어를 조합하여 짜깁기하는 것으로 일명 '모자이크 표절'이라 불

---

4) 김난도, 「스펙이 아닌 그대만의 이야기를 만들어가라」, 『아프니까 청춘이다』, 쌤엔파커스, 2010, 267쪽.
5) 리처드 앨런 포스너 지음/정해룡 옮김, 「연구윤리 위반행위와 연구윤리지침」, 『표절의 문화와 글쓰기의 윤리』, 산지니, 2009, 147~210쪽 참고.

림), ⑸ 이외에도 자기표절(self-plagiarism) 등이 있다. 대학에서는 지원자만이 가진 스펙을 요구하는 것이지, 좋은 내용과 형식을 표절하는 것을 기대하는 것은 아니다. 따라서 자기소개서는 절대로 표절하지 말라는 것이 이 책의 처음이자 마지막 충고이다. 학업 과정에서 겪은 고정과 노력을 가감(加減) 없이 쓸 때, 또 어떻게 쓸 것인가를 방향을 잡고자 할 때 이 책을 참고하라는 것이다. 이 책의 내용을 그대로 옮겨 쓰라는 것이 아니다. 대학마다 표절 시스템을 갖추고 있기 때문에 학생뿐만 아니라 소속 학교에도 상당히 부정적 영향을 미친다.

PART 2

자기소개서의 중요 항목

대학에서 요구하는 자기소개서를 보면, 한결같이 '의미 있는' 내용과 자신에게 끼친 '영향' 관계를 요구한다. 많은 학생들이 입학사정관제는 교내활동의 충실성과 봉사의 경우 지속성, 또 자신이 한 활동들의 미래 비전과의 연관성만을 중요하게 본다고 생각해 이에 지나치게 얽매이곤 한다. 물론 맞는 말이다. 하지만 '충실성, 지속성, 연관성' 자체보다 중요한 것은 내 삶에 끼친 '의미'라는 사실이다.

자기소개서의 중요 항목 PART 2

대학가다 자기소개서에서 요구하는 항목에 따라 대체로 5~7개 정도로 나눈다. 그 가운데 공통적으로 중요한 항목을 나누어서 이를 어떻게 쓰면 대학에서 요구하는 방법을 충족시켜 줄 수 있는지를 살펴보자.

대학에서 요구하는 자기소개서를 보면, 한결같이 '의미 있는' 내용과 자신에게 끼친 '영향' 관계를 요구한다. 이러한 내용을 통해 학생의 성장 환경과, 문제 해결력과 학습에 대한 잠재능력을 알고자 하는 것이다. 논리적 표현과 호소력이 있는 소개서는 '느낌'이 확 와 닿는다. '느낌'보다는 감동이 먼저 온다. 그래서 합격할 수밖에 없는 소개서는 자신만의 '특징'을 보여 주는 소개서이다.

중요한 것은, 많은 학생들이 입학사정관제는 교내활동의 충실성과 봉사의 경우 지속성, 또 자신이 한 활동들의 미래 비전과의 연관성만을 중요하게 본다고 생각해 이에 지나치게 얽매이곤 한다. 물론 맞는 말이다 하지만 '충실성, 지속성, 연관성' 자체보다 중요한 것은 내 삶에 끼친 '의미'6)라는 사실이다.

모의유엔은 첫째, 스스로 해나가는 공부의 즐거움을 알게 한 소중한 경험이었습니다. '포스트 교토체제의 수립방안'이라는 주제를 놓고 실제 모의유엔이 열리기 전 수많은 사이언스지와 이산화탄소 감축에 관한 논문을 찾아 공부하며 기존 교토체제의 수정방안을 고민하고, 도서국 현지인들과 지속적으로 메일을 통해 교류했습니다. 한 달 가까이 하나의 사안에 몰입하며 공부하자 단순히 영어공부를 위해 읽어오던 국제 신문에 국제정치나 환경과 관련한 기사가 나오면 더욱 열심히 읽고 스크랩하게 되었으며, 자연스레 국제정치나 세계적 인물들에 대한 관심도 높아졌습니다. 또한 협의체 대표로서의 역할을 다하기 위해 환경 관련 논문이나 기사들을 밤낮으로 수집하며 정보 공유에 앞장서고, 기존에 협의되었던 교토 프로토콜에 대한 이해를 높이기 위해 독학으로 경제공부를 하고 있는 저를 발견할 수 있었습니다.

저의 크고 작은 변화들은 학업에 한정되지 않았습니다. 세계적으로 소외받는 도서국 연합체의 외교관 역할을 맡게 된 것은 또 다른 배움의 기회였습니다. 세계 이산화탄소 배출량의 1%도 차지하지 않으면서 누구보다 이산화탄소 감축을 위해 힘쓰는 현지인들은 제게 진정한 글로벌 리더의 덕목인 세계시민의식을 보여주었습니다. 그들을 보며 저 또한 나 자신보다는 세계 전체를 위해 힘쓰는 사람이 되겠다는 다짐을 했습니다. 또한 세계의 난민 및 기아문제의 해결을 위해 UNHCR과 국제법상의 환경 난민의 지위 수정방안에 대해 논의하는 과정 속에선 도서국들의 처지에 대한 진정한 공감을 통해 앞으로 수정해나가야 할 국제적 여론방향을 고민하는 계기가 되었고, 협의체 대표로서 밤새도록 결의문 협상을 하는 과정 속에선 협동 능력을 배울 수 있었습니다.[7]

자기소개서에서 말하는 '의미'가 어떤 것인지를 위 글을 통해 이해할 수 있을 것이다. 이런 '의미' 속에는 학생의 부단한 노력과 열정이 있음을 필요로 한다.

자기소개서를 작성하기 위한 몇 가지 공통 사항을 알아두자.

---

6) 김도연(서울대학교 자유전공학부 합격), 「내 인생 최대의 프로젝트」, 한국대학교육협의회, 2011, 10쪽.
7) 김도연, 위의 책, 10~11쪽.

가. 지원하려는 대학의 홈페이지를 방문해 정보를 얻어야 한다

지금 우리나라에는 4년제 대학이 200여 개, 전문대학이 150여 개가 있다. 모든 대학이 좋은 학생을 뽑고자 한다. 이 수많은 대학은 국립, 사립으로 나눌 수 있고, 또 대학을 세운 목적이 제각각 다르다. 건학 이념이 다르기 때문에 당연히 대학이 기르고자 하는 인재상이 다르다. 그에 따라 뽑고자 하는 학생들의 특성 또한 다를 수밖에 없다. 그렇기 때문에 자기소개서를 작성하기 전에 반드시 대학의 홈페이지를 방문해 몇 가지 정보를 확인해 보아야 한다.

첫째는 대학 소개 항목에서 대학의 건학 이념과 인재상을 확인하라. 그리고 그 대학 총장의 인사말을 살펴보라. 건학 이념을 통해 학교가 세워진 이유를 확인해야 한다. 그리고 대학마다 요구하는 인재상이 있다. 이를 통해 어떤 학생을 뽑고자 하는지 알 수 있다. 건학 이념과 인재상을 자기소개서와 어떻게 연결시킬 수 있는지 생각해야 한다.

둘째는 대학의 장학 프로그램과 진학 후 커리어 프로그램을 확인하라. 자신의 미래를 그리는 데 필요하다. 즉 진학 후 학업계획과 향후 진로계획을 세우는 데 참고할 수 있다. 대부분의 대학에서는 외국 대학과 교환 학생 프로그램을 운영하고, 또 동시 학위 프로그램을 운영하고 있다. 그러므로 학업계획을 세우는 데 매우 중요하다.

셋째 진학하려는 학과의 홈페이지를 방문해서 교육과정과 교수진을 살펴보고, 학과 홈에 연결된 학과 동아리의 활동을 확인하라. 같은 학과라도 전공 분야가 다양하게 나뉘어져 있다. 예를 들면 국어국문학과라도 크게는 국어학 분야와 국문학 분야로 나뉘어 있다. 세부 전공으로 따지면 국어국문학과조차 수십 개의 전공으로 나눌 수 있다. 그러므로 자신의 학업계획을 작성하기 위해서는 반드시 학과의 교과 과정을 확인해야 한다. 그리고 교수진이 어떤지, 어떤 전공인지 확인 하는 것이 중요하다. 그리고 학과 동아리 역시 학업계획을 세우는 데 도움이 된다.

나. 자신의 학생부를 꼼꼼히 분석해 보라

3학년 1학기 마칠 때쯤이면 담임선생님들께서 학생부를 한 부씩 출력해서 주신다. 만약 아직 받지 못하였다면 담임선생님께 가서 한 부 얻도록 하자. 아무리 양이 적어도 5쪽 정도는 될 것이고, 꼼꼼하게 기록되어 있는 학생이라면 10쪽 정도 될 것이다.

첫 장부터 꼼꼼히 살펴보자. 진로 희망 항목에 지금 자기가 지원하 는 학과와 관련되는 사항이 적혀 있다면 문제가 되지 않는다. 그런데 만약 1학년 시절에 지원 학과와 관계없는 항목이 적혀 있다면 한 번 더 생각해 보자. 입학 사정관이나 면접관이 질문을 한다고 가정해 보 자. 왜 자신이 진로희망을 바꿨는지 말이다. 이 과정에서 내가 이 학 과에 진학해야 하는 이유를 더 절실하게 생각할 수 있다. 단순히 '좋 으니까 가고 싶습니다'가 아니라 '이러이러해서 이 학과에 꼭 진학하 고 싶습니다'는 것을 확인할 수 있어야 한다.

그리고 봉사활동 항목, 과목별 성적과 세부 능력과 특기 사항 등에 서 자기소개서에 쓸 것이 있는지 찾아보도록 하자. 자신이 몰랐던 것 을 찾아낼 수 있으니 말이다. 국문학과 지원 학생이 국어 관련 성적 이 꾸준하게 향상되었다거나 그 과목과 관련한 활동을 찾을 수도 있다. 독서 활동 항목도 꼼꼼히 살펴보자. 여기서도 지원 학과와 관련된 독서 활동 기록을 찾아낼 수도 있고, 이것을 지원동기에서 활용할 수 있다.

다. 자신의 삶을 되돌아보라

자기소개서를 작성하기 전에 자신의 삶을 한번 되돌아보자. 사람은 의외로 자기 자신을 잘 모르는 경우가 많다. 그래서 자기소개서를 쓰려면 막연하게 느껴진다. 자신의 삶을 되돌아보는 과정을 통해 자신의 잠재 능력과 비전을 확인할 수 있고, 꼭 대학 진학만이 아니라 미래의 삶을 계획하는 중요한 계기를 마련할 수 있다.

자신의 지난 삶을 돌아보는 과정을 통해 자신이 왜 그 학교, 그 학과에 진학하려고 하는지, 그리고 지원동기가 된 경험을 생각해 보자. 대학 입학에 쓰이는 자기소개서이기 때문에 아무래도 고등학교 시절의 활동이 더 중요하다. 그러니 고등학교 시절은 꼼꼼하게 생각해 보아야 한다. 고등학교에 입학한 다음 있었던 일들을 시간 순서대로 찬찬히 생각해 보고 하나씩 종이에 적어보자. 관계가 없어 보이는 일이라도 전부 다 적어보자. 다 적었다면 그중에 지원하는 학과에 관련되어 보이는 일들을 추려내자. 이렇게 추려낸 것들은 자기소개서의 성장배경, 지원동기, 학업계획 등을 쓸 때 뼈대가 되는 것들이다.

라. 자신의 미래를 그려 보라

고등학교 3학년 학생이라도 자신의 꿈을 말하라면 아직은 막연하다. 예를 들어 '경제학을 공부하여 펀드 매니저가 되겠다'는 식이다. 이런 정도는 누구든지 말할 수 있다. 다른 이들과의 차별성을 위해서라도 자신의 막연한 꿈을 대학 홈페이지에서 확인한 정보, 자신의 삶을 되돌아본 것과 연결시켜 구체성을 갖추도록 해야 한다.

고등학교 진로와 직업 시간에 한번쯤은 자신의 미래를 그리는 일을 해 봤을 것이다. 십 년, 이십 년 이후를 구체적으로 상상해 보라. 자신의 꿈을 구체적으로 그려보면 자신이 왜 그 대학에 합격해야 하는지, 그리고 대학에서 무엇을 공부하고, 졸업 이후에 어떻게 살아야 하는지 어렴풋이나마 보일 것이다. 그것을 대학의 교육 프로그램과 연결시켜서 작성해 보라. 구체적으로 생각해야 자기소개서의 학업계획과 진로계획을 작성하는 데 유용하다.

마. 자기소개서 전체를 꿰는 주제를 생각하고 개요를 작성하라

구슬이 서 말이라도 꿰어야 보배라고 했다. 구슬을 꿰기 위해서는 구슬을 꿰는 줄이 있어야 한다. 자기소개서도 역시 마찬가지다. 자기소개서 전체를 관통하는 하나의 주제가 있어야 한다. 자신의 삶 전체를 표현할 수 있는 하나의 키워드를 생각해 보자. 그 키워드를 중심으로 자기소개서를 엮어야 다른 이들과 차별화할 수 있다.

이제까지 자신의 삶을 돌아보고, 향후 진로계획까지 생각한 것을 연결해 자신의 스토리를 구성해 보라. 대학에서 요구하는 항목을 살펴보면 성장과정, 지원동기, 학업과 진로계획이다. 이를 통해 학생의 잠재 능력과 발전 가능성을 살펴보려는 것이다. 이를 충족하기 위해서는 단순히 이것저것 나열하는 식으로는 입학 사정관과 면접관을 감동시키기 어렵다. 그런 자기소개서는 나중에 기억도 잘 나지 않는다. 그렇기에 하나의 주제를 가지고 스토리를 만들어야 한다.

그리고 개요를 작성해서 항목들이 서로 겹치지 않도록 해야 한다. 항목마다 500자에서 1,000자까지 글자 수가 정해져 있다. 그런데 같은 내용이 들어간다면 짧은 글 속에서 자신의 모든 것을 보여 줄 수 없게 된다. 자신의 장점과 특성을 모두 보여 줄 수 있도록 개요를 작성해야 한다.

바. 실제로 써 보라

쓸 때 주의할 점은 자세히 쓰는 것이다. 입학 사정관들이나 면접관들이 보는 자기소개서의 수를 생각해 보라. 한 사람당 적어도 수십 장은 될 것이다. 그러니 추상적인 말을 나열해서는 안 된다. 구체적인 사실과 경험을 쓸 때만 기억에 남게 된다. 그러니 하나를 쓰더라도 꼼꼼하게 써야 한다.

그리고 자신의 활동을 과장하지 말아야 한다. 아주 작은 사실을 침소봉대해서 대단한 것으로 포장하면 오히려 역효과를 낼 수 있다. 그러니 솔직담백하게 써야 한다. 단 꼭 입학하고 싶다는 열정을 보여줘야 한다. 단순히 학교의 이름값이나 남들이 좋아하는 학과라거나 학과의 전망이 밝아서가 아니라 자신이 정말로 그 학과에 관련된 일에서 열정을 쏟아낼 수 있는 사람임을 보여줘야 한다.

사. 쓰고 난 후 고쳐 쓰기를 하라

다 쓰고 나면 소리 내어서 읽어 보라. 읽어가는 과정이 자연스럽지 않고 뚝 끊기는 느낌이 나는 곳은 다시 써야 한다. 그리고 고쳐 쓰기는 제출하는 그 순간까지 끊임없이 계속해야 한다. 고쳐 쓸 때 주의할 점은 다음과 같다.

첫째, 문장을 짧고 간결하게 써야 한다. 고등학생들이 쓴 글을 읽어보면 공통적으로 몇 가지 실수가 보이는데 첫째는 문장을 길게 쓴다는 것이다. 문장을 길게 쓰면 주어와 서술어의 호응이 맞지 않아 어색하다. 그러니 문장을 짧고 간결하게 써야 한다. 그래야 자기가 하고 싶은 말을 정확하게 전달할 수 있다.

둘째, 쉽고 명확하게 써야 한다. 자신의 뜻을 정확하게 전달하기 위해서는 정확한 단어를 써야 한다. 그런데 가끔 자신도 잘 모르는 어려운 개념이나 용어를 마구 쓰는 경우가 있다. 그것이 그 문장에 정확하게 맞아떨어지면 문제가 없겠지만 그렇지 않다면 표현력이 부족하거나 모르는 것을 아는 척하는 것으로 보일 수 있다. 그러니 필요한 용어를 정확하게, 아는 말로 쉽고 명확하게 써야 한다.

그리고 마지막으로 맞춤법에 어긋나는 것은 없는지, 띄어쓰기가 잘못된 것은 없는지 살펴보아야 한다. 아주 작은 실수이지만 치명적으로 작용할 때도 있기 때문이다.[8]

---

[8] 모 대학은 교사가 작성하는 추천서 유의 사항에 이런 말을 넣어 두었다. "맞춤법은 사소한 것이지만 성실성에 대한 문제입니다. 그러니 유의하여 주십시오." 맞춤법과 같은 기본 사항을 틀리면 성실하지 않게 보일 수 있다는 말이다.

다음은 구체적으로 자기소개서에 필요한 항목들을 어떻게 기술하면 좋은가에 대해 알아보자.

■1 성장배경

최근 대학에서는 지원자의 단순하고 포괄적인 성장과정을 요구하기보다는 구체적 내용의 항목을 제시하여 성장과정과 관련된 지원자의 숨겨진 특성, 자질 등을 파악하고 있다. 다음의 예들은 대학에서 요구하는 자기소개서의 사항들이다.

○ 자신의 성장과정과 이러한 환경이 자신의 삶에 미친 영향에 대해 기술하시오.

○ 성장과정이나 일상생활에 근거하여 자신의 성격, 가치관, 태도 등이 잘 설명될 수 있도록 기술하시오.

○ 자신의 삶에 영향을 미친 가장 중요한 사건이나 경험을 설명하고, 그것이 자신의 가치관 혹은 인생관에 어떠한 영향을 주었는지를 기술하시오.

○ 지원자의 삶에서 경험했던 가장 큰 위기와 좌절상황이 무엇이었는지 쓰고, 그것을 극복하는 과정에서 새롭게 발견한 가치에 대해 기술하시오.

○ 가정환경(성장과정, 생활여건 등), 학교 및 지역 환경, 고등학교 시절에 겪은 어려움 등 자기소개에 도움이 될 만한 사항이 있는 경우, 그 내용을 구체적으로 기술하시오.

어린 시절부터 현재까지의 성장과정을 연대순으로 단순히 늘어놓거나, 자신과 관련된 가족상황을 장황하게 늘어놓은 자기소개서는 바람직하지 않다. 위에 제시된 각 대학별 구체적 항목을 바탕으로 다음과 같은 점에 유의하여 미리 생각하고 준비하여 자신의 성장과정을 잘 표현해야 한다. 이것을 바탕으로 각 대학에서 요구하는 구체적 항목에 부합하는 내용을 기술하면 효과적이다. 물론 자기소개서는 면접의 기초자료로 활용되기 때문에 반드시 사실에 근거하여 자신만의 언어로 '나'에 대해 솔직하게 드러내는 글이라는 점을 명심해 두고 기술해야 할 것이다.

가. 고등학교 기간을 중심으로 쓰라

어린 시절부터 현재까지의 성장과정이 아닌 고등학교 기간 중의 생활을 중심으로 자신의 성장과정을 기술하여 강조하는 것이 효과적이다. 대학에서는 자기소개서를 통해 지원자의 자질과 학업능력을 확인하고, 그 대학에서 수학할 수 있는 능력이 있는지를 판단하고자 하기 때문이다.

> <u>고등학교 2학년 여름방학,</u> 특수교육을 전공하는 누나와 함께 특수아 어린이집 '○○ 어린이집'에 봉사활동을 하러 갔습니다. 수영 도우미 역할을 하게 되었는데 제가 돌보게 된 아이는 '○○'라는 아이였습니다. 다운증후군을 가졌지만 밝은 성격을 가진 아이였습니다. 처음에는 내가 ○○를 위해 무엇인가 해주어야 한다는 생각을 가지고 있었습니다. 그래서 ○○를 대할 때 의무감이라는 벽이 생긴 것만 같았습니다. 그러나 ○○가 제 손을 잡으며 "형, 나 혼자서 다 할 수 있어요. 그냥 같이 재미있게 놀아요"라고 말했을 때 제가 여태껏 장애인에 대해 잘못 생각하고 있었다는 것을 깨달았습니다.

내가 고등학교 3학년이 되어서 처음으로 가장 뛰어난 아이들과 공부할 수 있었던 곳이 바로 공교육 논술학교였다. 각 학교의 뛰어난 아이들과 토론을 하고 글을 쓴다는 것이 나에게는 상당한 자극이 되었다. 또한 나에게 자만하지 말고 더욱 열심히 하라는 채찍질도 되었다. 공교육 논술학교 반장을 하면서는 토론을 주도하고 친구들의 의견을 듣고 나의 잘못된 생각을 바로잡기도 하였다. 그곳은 나의 부족한 점을 바로 잡을 수 있게 해 주었고, 유연한 사고와 협의의 중요성을 부각시켜 준 중요한 곳이다.

나. 생활기록부를 단순히 나열해서는 안 된다

　학교생활기록부에 기록되어 있는 내용을 자기소개서에 그대로 인용해서는 안 된다. 예를 들어 학교생활기록부에 있는 수상경력을 단순하게 나열하거나, 교과목의 성적 등급, 행동 및 종합 특성들을 인용하여 적고 끝내는 지원자가 많다. 그러나 대학에서는 학교생활기록부, 수능 성적 같은 전형자료들로는 알 수 없는 지원자의 숨겨진 특성, 자질 등을 자기소개서를 통해 확인하고 싶어 한다. 따라서 학교생활기록부나 증빙서류로는 알 수 없는 내용들을 중심으로 서술하는 것이 효과적이다.

　단순한 사실을 늘어놓기보다는 본인의 수상경력이 전공을 학습하는 데 있어 어떤 도움을 줄 수 있는지, 경시대회를 준비하며 구체적으로 어떤 영역을 공부하고 노력했는지, 이를 통해 어떤 부분을 더 개발하고 발전시킬 수 있었는지를 기술하는 것이 필요하다. 그렇다고 객관적인 근거 없이 자신의 주관적 판단에 근거를 둔 감정적인 글을 써서는 안 된다. 자기소개서의 내용은 객관적인 자료(타당한 근거 자료나 일화 등)를 중심으로 논리적이고 일관성 있게 전개되어야 한다.

객관적인 시각으로 자신을 바라보면서 균형 있게 작성하는 것이 중요하다.

> 저는 ○○광역시 과학탐구토론대회에 나가서, 비록 장려상에서 그쳤지만, <u>창의적인 사고의 시작인 도전정신과 탐구정신 그리고 리더십의 시작인 책임감과 자신감을 얻을 수 있었습니다.</u>
> 이 대회에서 저는 '지구온난화와 우리 고장'이라는 주제를 탐구했습니다. 익숙했지만, 여태 해보지 못했던 주제였기에 접근하기가 까다로웠습니다. 하지만 도전정신을 가지고 ○○대학교 도서관, 보건환경연구원을 방문하고 자료를 수집하는 과정에서 '서리 일수와 지구온난화의 관계'라는 접근 경로를 찾게 되었고, 이에 관한 실험계획을 세웠습니다. 그리고 <u>그 계획에 맞게 실험기구세트를 직접 제작하고 실험을 행하는 과정에서 저는 탐구정신을 배울 수 있었습니다.</u>

– 학교생활기록부에 기록되어 있는 내용을 자기소개서에 그대로 나열한 경우

(전략) 저는 중2 때부터 속력이라는 개념에 거부감을 느끼고 물리 공부하는 것을 기피했고, 외우기식으로 고1 때까지 점수를 겨우 유지시키다가 고2가 되자 <물리>라는 과목은 외우기식의 방식은 통하지 않게 되었습니다. 하지만 포기할 수가 없었습니다. 앞으로 또 물리 말고 어떤 어려운 과목이 등장할지 모를 일이고 여기서 포기한다면 다른 것들도 할 수 없을 것이라는 느낌을 받았기 때문에 저는 열심히 물리 공부를 하게 되었고, 결국 고등학교 2학년 기말고사에서는 <물리> 과목에서 전교 2등을 하게 되었습니다. 그리고 제가 가장 좋아하는 과목은 화학입니다. 특히 간호학부에 진학하기 위해 고등학교 2학년 때부터 혼자서 <화학II>를 준비했으며, 3학년 때에는 심화반에서 심화된 내용을 공부하고 있는 중입니다. 그렇게 과학 공부를 하면서 전 학기 과학 평균 1.44등급을 했습니다. 또 앞으로 글로벌 시대의 준비를 위해 영어 공부를 꾸준히 틈틈이 하여서 전 학기 영어 평균 1.33등급을 달성했습니다. 이러한 노력의 결과로 <○○광역시 중·고등학생 수학·과학경시대회> '화학' 부문에서 은상을 입상하였습니다.
봉사활동에 있어서는 <○○봉사단>이라는 동아리에 들어서 미래의 노인 전문 간호사의 예행연습을 위해 비록 1년 동안이기는 하지간 시립노인병원에서 활동하였고, 그곳에서 어르신들을 어떻게 대해야 하는지 치매 어르신께서 어떤 행동을 하실 때 어떻게 대처해야 하는가를 배웠습니다.

다. 단순한 가족 소개가 되지 않도록 하라

성장과정과 가족환경을 기록할 때 부모의 이력이나 직업, 생활환경, 가족관계 등만을 써내려가서 자신이 아닌 부모나 가족을 소개한 것을 보게 되는데, 이는 바람직하지 않다. 지원자가 처한 환경에서 자신이 어떻게 성장했는지에 중점을 두어 서술해야 한다. 자신의 삶이나 전공 선택에 영향을 미친 중요한 사건과 경험, 가정환경 및 지역환경에서 비롯된 어려움 등에 초점을 두어 솔직하고 구체적으로 써내려가야 할 것이다.

'갑상선 기능 항진증'으로 2학년 2학기 초에 휴학을 했습니다. 저는 6개월의 휴학을 도약의 기회로 삼았고, 건강관리와 병행해서 저의 꿈을 찾아 나섰습니다. '내가 진정으로 하고 싶은 것이 무엇인가?' 이 질문에 대해 끊임없이 혼자 묻고, 혼자 답했습니다. 신소재 분야, 신약 개발 분야, 순수 과학 분야, 컴퓨터 보안 분야, 컴퓨터 프로그래밍 분야 등에 대해 알아보고, '과연 나의 적성에 무엇이 맞는가?'에 대해 고찰했습니다. 단기간에 저의 진정한 적성과 꿈을 찾는다는 것을 어불성설이라고 할지도 모르겠지만, 저는 저의 꿈을 발견했습니다. '네트워크 보안 전문가.' 크래킹에 피해를 입은 적이 있던 저는 다시는 저와 같은 피해자가 생기지 않도록, 제 꿈을 향해 달려가겠습니다.
'웅크린 개구리가 멀리 뛴다'는 말과 같이, 저는 이번 휴학을 계기로 'AI 보안 솔루션을 개발할 네트워크 보안 전문가'라는 가장 값진 꿈을 얻었고, KAIST에서 도약할 것입니다.

라. 학업 이외의 경험과 자신의 성장과의 연관성을 기록하라

학업 이외의 활동영역에 대한 경험 및 경험과 자신의 성장과의 연관성을 기록해야 한다. 고등학교 재학 기간 중 학업 이외의 활동 영역(사회봉사활동, 교내·외 클럽 활동, 단체 활동, 취미 활동, 문화 활동)에서 가장 소중했던 경험을 소개하고, 이러한 경험이 자신의 성장에 어떤 도움을 주었는지 기술한다. 여기에 목표를 위해서 지금까지 노력한 과정도 곁들이면 좋다. 또한 학교, 학급의 임원이 아니면서도 작은 일이라도 학급을 위해 자신이 적극적이고 주도적으로 해결한 내용도 기재하면 좋다.

고등학교 1학년 때, 제9회 YSC 온라인 과학탐구 대회를 통해 한 달간 '그린 홈에 적용 가능한 방안 탐구'라는 주제로 탐구 활동을 하였습니다. 조원들과 함께 협의하여 이끼를 이용한 중수처리장치를 고안해냈습니다. 구상단계에서는 아주 가능성이 있어 보였으나 실제 실험을 해보니 생각했던 바와 같이 실험 장치를 만들기도 어려웠고 여러 가지 변인들을 통제하는 데 큰 어려움을 겪었습니다. 결국 실험은 만족스러운 결과를 얻을 수 없었고 실패를 맛보았습니다. 비록 성공적인 결과를 얻지는 못했지만 조원들과 함께 한 달간 탐구를 하면서 팀워크의 중요성을 배웠고, 고등학교 생활에서 쉽게 경험할 수 없는 탐구활동을 해보며 정밀한 실험의 어려움에 대해 다시 한 번 생각해 보게 되었습니다.

고등학교 생활 중 가장 흥미 있었던 활동은 '○○○' 동아리 활동이었습니다. 저는 고등학교 과학수업은 이론 위주라 조금은 지겨울 것 같다고 생각하였습니다. 하지만 ○○○은 저에게 축제나 축전 준비를 하면서 다양한 실험을 직접 해 볼 수 있는 기회를 주었고 여러 과학 관련 체험활동 즉 화학시험연구소 견학, 상하수도처리시설, 보건환경연구원 견학을 통해 과학에 대한 흥미와 관심을 키울 수 있게 해 주었습니다. 특히 축전과 축제에서 아이들이 제가 실험해 주고 설명해 주는 것에 신기해하고 기뻐하는 모습을 보면서 보람을 느낄 수 있었습니다.

마. 실제 사례

저는 어린 시절 주로 산을 뛰어다니고 계곡에서 수영을 하고, 여름에는 ○○해수욕장에서 수영을 하고 지냈습니다. 그래서인지 맑고 쾌활하며 낙천적인 성격을 지녔습니다. 중학교 때부터는 공부 때문에 늘 놀지는 못했지만 산 밑에 있는 학교라 창밖엔 나무가 많고 집에 오는 길에 산으로 오고 저수지를 지나오기도 하며 자연을 늘 곁에 두고 지냈습니다. 무슨 인연인지 저희 고등학교는 바로 바다 옆입니다. 야자 끝나고 나오면 짠내가 나고, 영어듣기 때마다 왜 그렇게 뱃고동이 울리는지 답답할 땐 바닷길로 등교를 하기도 하는 등 저에게 좋은 추억이 되었습니다.
저희 가족은 할머니, 부모님, 오빠 저 이렇게 화목하게 지냈습니다. 어린 시절부터 읽는 것을 좋아했고 어머니께서 여러 좋은 세계명작들을 추천해 주셨습니다. 아버지께서는 인자하시고 자상하시지만 잘못을 했을 때는 엄격히 혼내시기도 하셨습니다. 부모님께서 제가 고등학교 때는 맞벌이를 하셔서 할머니께서 밥을 해주셨는데, 할머니가 늘 저희와 같이 사셔서 할머니는 저에게 친구가 되어 주시기도 하고, 지혜를 가르쳐 주시기도 하였습니다. 오빠와는 6살 차이가 나서 싸우지 않고, 저를 주로 이해해줍니다. 제가 가장 영향을 많이 받은 분은 어머니입니다. 공부를 하기 전에 기본이 되어야 한다며 바른 몸가짐을 가지라고 해주시고, 저를 전적으로 믿어주고 뒤에서 도와주십니다. 어머니가 집에서 독서를 많이 하셔서 저도 자연스레 독서를 좋아하고 즐기게 되었습니다. 어머니와는 늘 대화를 하는 편으로 저를 위해 조언, 충고해 주시는 최고의 친구입니다.

위 학생의 성장배경을 정리해 보면 다음과 같다.

○ 자신에 대한 소개
- 어린 시절
- 중학교 시절
- 고등학교 시절

○ 가족에 대한 소개
- 어머니, 아버지, 할머니, 오빠, 어머니

위 학생은 자신의 성장배경을 가족, 지역 및 학교 환경에 대해서 쓰고 있다. 어린 시절은 해수욕장 옆에서 살았고, 중학교는 산 밑에 있고, 고등학교는 바다 옆이라고 서술하였다. 즉 지역 및 학교 환경에 대해서 서술한 것이다. 그런데 문제는 이런 지역 및 학교 환경이 자신에 미친 영향이 매우 추상적이다. '맑고 쾌활'하고, '자연을 가까이 두고', '좋은 추억'이 되었다고 쓰고 있는데 이렇게 써서는 지역 환경과 자신의 성격 사이에 인과관계가 성립하지 않는다. 지역 환경과 자신의 성장이 구체적으로 연결되는 지점이 없기 때문이다. 이런 성장 배경을 읽고는 단순히 '아 바다 근처에서 자랐구나' 하는 정도밖에 알 수 없다. 그리고 자연 환경이 자신이 지원하는 전공과 관계되는 지점도 없어 매우 아쉽다.

가정환경을 소개하면서 자신의 가족을 소개하고 있다. 그런데 학생의 글을 보면 단순히 가족을 나열하는 정도에 그치고 있다. 그리고 개요를 작성하지 않았는지 주제 문장인 첫 문장과 그다음 문장들의 순서도 서로 맞지 않는다. 첫 문장에서는 나이순에 따라 할머니, 부모님, 오빠를 말했으면서도 그 다음엔 어머니, 아버지, 할머니, 오빠, 다시 어머니에 대해서 이야기하고 있다. 글에 일관성이 부족해 보인다.

가족에 대한 소개도 매우 일반적이다. 쓰고 있는 단어가 '화목, 자상, 인자, 대화, 충고'인데 이런 단어는 누구나 쓸 수 있는 말이다. 대외적으로 자신의 성장배경인 가족을 소개하는 글인데 이렇게 쓰지 않는 사람이 누가 있겠는가? 너무나 일반적인 단어를 써서 자신의 가족만이 지닌 특성이나 그런 특성이 자신에게 미친 영향을 제대로 보여주지 못하고 있다. 자신만이 지닌 특성을 보여줘야 할 글에서 아무것도 보여주지 못하는 상태가 되어 버린 것이다.

그리고 한 가지 더 아쉬운 점을 지적하자면 문장을 바르게 쓰지 못한 것이 눈에 띈다. 예를 들면 '야자 끝나고 나오면 짠내가 나고, 영어 듣기 때마다 왜 그렇게 뱃고동이 울리는지 답답할 땐 바닷길로 등교를 하기도 하는 등 저에게 좋은 추억이 되었습니다'와 같은 문장이다. '영어 듣기 때마다 왜 그렇게 뱃고동이 울리는지'와 그다음의 '답답할 땐 바닷길로 등교를 하기도 하는'은 바로 연결되어서는 안 되는데 연결해 놓았고, 또 그 다음의 '좋은 추억'도 적절하지 않다. 영어 듣기 평가 시간에 뱃고동이 울려서 방해를 받았는데 이것이 좋은 추억일 수는 없다. 자신이 하고 싶은 말이 많아서 쭉 이어 쓰다 보니 문장이 길어져 오히려 어색한 문장이 되어 버린 것이다.

② 지원동기

이 항목은 말 그대로 왜 그 학교의 그 학과에 진학하고자 하는지를 쓰는 곳이다. 제일 먼저 할 것은 이 항목에서 요구하는 사항이 무엇인지 분석하는 일이다. 질문을 제대로 이해하지 못하면 엉뚱한 답을 쓸 수 있기 때문이다. 자기소개서를 작성하는 일은 한두 시간에 할 수 있는 일이 아니다. 수능을 대비해야 할 소중한 시간을 쓰는 것이다. 많은 시간과 노력을 기울여서 작성하는데 엉뚱한 답을 쓴다면 보통 손실이 아니다. 그러니 질문부터 제대로 이해해야 한다. 다음은 주요 대학들의 지원동기 항목이다. 한번 살펴보자.

○ 지원동기와 지원한 분야를 위해 어떤 노력과 준비를 해왔는지 교내·외 활동 중 본인에게 가장 의미가 있다고 생각되는 활동을 기술하세요. (한국대학교육협의회)

○ 지원동기와 진로계획을 중심으로 본교가 지원자를 선발해야 하는 이유에 대하여 기술하여 주십시오.

○ 본교가 지원자를 선발해야 하는 이유를 본교에 대한 지원동기와 지원 전공을 중심으로 기술하여 주십시오.

○ 지원동기와 지원한 분야를 위해 어떤 노력과 준비를 해왔는지 기술하세요.

○ 본교를 선택한 이유 및 앞으로 4년간 본교에서 하고 싶은 것이 무엇인지 기술하시오.

학교별로 요구하는 내용이 조금씩 다르기는 하지만 대체로 비슷하므로 대교협에서 나온 공통양식을 가지고 설명해 보자. 요구하는 것이 무엇인가? 첫째는 '지원동기', 둘째는 '지원한 분야를 위해 기울인 노력과 준비가 무엇이냐' 하는 것이다. 특히 둘째 항목에서는 '노력과 준비의 구체적 활동'을 적어야 한다. 이른바 스펙이 많지 않다고 실망할 것 없다. 이 항목에서 중요한 것은 '얼마나 많은 활동'에 참여했는지가 중요한 것이 아니라 자신이 '얼마나 열정을 가지고 참가했는지'가 중요하기 때문이다.

가. 지원동기를 구체적으로 쓰라

전공을 선택한 동기가 되었던 경험을 전공 분야와 관련한 활동으로 연결해 써야 한다. 고등학교 이전에 있었던 일이고, 그때 이후로 꾸준히 준비해 왔다면 좋은 평가를 얻을 수 있다. 그러나 고등학교 때의 일이라도 상관은 없다. 입학사정관들도 학생 시절의 꿈이 계속 바뀔 수 있다는 것을 알고 있기 때문이다. 이때 생활기록부를 통해 인과관계를 확인할 수 있는 내용이 들어가면 더 좋다.

> 어릴 적 과학상자 대회에 참가했던 적이 있었습니다. 조립설명서에서 무엇을 만들지 고민하다가 복사기를 만들기로 결정을 하고 순서에 따라 조립하여 만들기 시작했습니다. 하지만 복잡한 과정으로 인하여 수없이 시행착오를 반복하다가 제한된 시간 안에 만들기가 어려울 것 같아 포기하고 싶었지만 이를 악물고 여러 가지 궁리를 하였습니다. 연결이 어려운 부품들은 연결이 쉬운 단순한 부품으로 바꾸고 불필요한 너트와 볼트는 줄이면서 노력한 끝에 주어진 시간에 만들 수 있게 되었습니다. 시상식 때 효율적으로 잘 만들었다는 칭찬과 함께 은상을 받게 되었습니다. 이때부터 우리의 삶에 편리함을 주는 산업기기들에 대하여 흥미와 관심을 가지는 계기가 되었습니다.

나. 참가한 활동의 동기와 과정, 그리고 평가를 적어라

자기가 참여한 활동을 순서대로 나열하기만 해서는 좋은 인상을 줄 수 없다. 왜 그 활동을 하게 되었으며, 어떻게 진행되었고, 그 활동을 통해 내가 얻은 것은 무엇인가를 써야 한다.

○○○○ 과학영재교육은 전기공학에 관심이 깊었던 제가 '연구'라는 것을 직접 해볼 수 있었던 소중한 경험이었습니다. 실험복을 입고, 실험 계획을 직접 구상해서 수행했던 많은 실험들 중에서 태양광 전지를 만들었던 실험이 가장 기억에 남습니다. 첫 번째 도전에서 금속 접합 부분에 납땜질을 제대로 하지 못해 실패했었는데 힘들게 재료를 다시 구해 다시 한 번 시도해 볼 수 있는 기회를 얻을 수 있었습니다. 첫 번째 실험의 실패 원인을 찾고 분석하고 이를 바탕으로 다시 만들어 성공적인 결과를 얻을 수 있었습니다. 태양광 전지가 작동할 때의 그 희열과 짜릿함은 지금도 저를 움찔거리게 만들 정도로 대단했습니다. 연구하고 개발하는 것에 즐거움을 느꼈을 뿐만 아니라 이론에 뛰어나다고 해서 다른 것에도 뛰어난 것이 아니라는 것 또한 느낄 수 있었습니다. 이런 경험들은 새로운 것을 연구하고 개발하는 혁신적 연구원이라는 제 진로를 구체화하는데 많은 도움을 주었습니다.

다. 실제 사례

고등학교에 올라와서 저는 처음으로 교지를 받아보게 되었습니다. 그것은 하나의 신선한 충격이었습니다. 교내의 소식을 전하고 여러 유용한 정보와 누군가의 이야기를 다른 사람들에게 전달하는 것은 너무나도 매혹적으로 제게 다가왔습니다. 장래희망을 신문기자로 정하고 이 학과에 지망하게 된 동기는 이런 사소하지만 제 흥미를 끈 교지입니다. 앞에서 말씀드렸듯이 제 꿈은 신문기자입니다. 그 중에서도 전 세계를 누비는 지구촌의 기자가 되고 싶습니다. 이를 위해 저는 The Teen Times라는 영자신문 기사를 가지고 해석도 해보고 기사내용에 대한 나의 생각 적기와 같은 활동을 통해 세계무대에서 활동하기 위한 영어 실력과 신문기사에 대한 이해 두 마리의 토끼를 잡으려고 노력했습니다. 더욱이 제 고등학교 생활에서 최고의 활동이라 자부하는 지역신문 ○○일보의 청소년 기자단에 참여하여 기자님들의 신문기사를 작성하는 모습을 견학하기도 하고 기사거리가 될 만한 소재 찾기, 정확한 기사를 위한 자료조사 및 인터뷰 그리고 기사를 직접 작성함으로써 기자란 정말 매력적인 직업이구나 하는 꿈에 대한 확신을 얻었습니다.

위 학생의 지원동기 항목을 살펴보면 크게 두 가지이다.

1) 지원동기
 - 고등학교 1학년 때 받아본 교지
2) 노력과 준비
 - 영자 신문 The Teen Times 활동(영어 실력 향상과 신문 기사 이해)
 - ○○일보 청소년 기자단 활동

전체적으로 무난하게 쓴 글이다. 그런데 꼼꼼하게 살펴보면 몇 가지 문제를 지적할 수 있다. 첫째 문장이 자연스럽지 않다. 세 번째 문장은 우리말 어순과는 좀 다르다. 전체 문장의 주어인 '제'가 문장 뒤쪽에 있다. 자연스러운 우리말 문장은 주어가 맨 앞에 제시되고 서술어가 맨 뒤에 나오는 형식이다. 그러니 이 문장을 자연스럽게 고치려면 전체 주어인 '저'를 맨 앞으로 가지고 와서 '저는 교내의 소식을 전하고 여러 가지 유용한 정보와 누군가의 이야기를 다른 사람들에게 전달하는 것이 너무나도 매혹적이었습니다' 정도로 바꾸어야 한다. 나머지 문장도 역시 마찬가지이다.

둘째 문장이 간결하지 않고 번잡하다. 앞쪽의 문장은 짧게 썼다. 그런데 맨 마지막 문장은 아주 길어서 네 줄이 한 문장이다. 200자 원고지로 따지면 거의 한 장이 한 문장이다. 문장이 너무 길어서 읽는 사람도 숨이 차게 된다. 그러니 몇 개의 문장으로 짧게 나누어 써야 한다. 그리고 첫 문장의 '받아보게 되었습니다'와 같이 번잡하게 쓸 필요 없다. '받아보았습니다'로 간결하게 써야 한다.

셋째 내용의 구체성이 부족하다. 사실 교지를 받으면 대충 넘기며 보다가 다시 한 번도 보지 않고 한쪽에 둔다. 심지어 받는 날 바로 휴지통에 버리기도 한다. 그런데 그 교지를 가지고 자신의 장래가 결정되었다면 그만큼 자기에게 준 뭔가가 있다는 것인데 그것이 없다. 받아본 교지의 어떤 기사가 그렇게 다가왔는지 써야 한다. 그리고 영자신문이나 ○○일보 청소년 기자단 활동도 마찬가지다. 기사를 써 보았다고 했으니 자신이 작성한 기사가 무엇인지 그중 가장 중요한 기사는 무엇인지 썼으면 훨씬 더 좋았을 것이다.

넷째 활동에 평가가 부족하다. 경상일보 활동을 보면 과정은 자세하게 나와 있다. 신문사 견학, 소재 찾기, 자료조사, 인터뷰, 기사 작성하기 등 여러 가지 활동을 썼다. 그런데 그 활동이 자신에게 남긴 의미는 '기자란 정말 매력적인 직업'이라는 것 뿐이다. 그 활동의 의미가 '매력적'이라는 단어 하나로 축약되어 있는데 조금 부족해 보인다. 그 과정을 통해 자신이 얻은 것, 의미 등을 썼으면 더 좋은 지원동기 항목이 되었을 것이다.

❸ 입학 후 학업계획과 향후 진로계획

이 항목은 입학 후 공부를 어떻게 할 것이며 졸업 이후에 어떻게 할 것인지를 적는 항목이다. 그런데 사람의 미래란 정해져 있지 않아서 5년 후 어떻게 바뀔지 알 수 없다. 그럼에도 불구하고 이 항목을 요구하는 이유가 무엇인지 생각해 보라. 정해진 목표가 있어야 무엇을 준비해야 하는지 알게 된다. 즉, 무엇을 어떻게 공부해야 할지 스스로 찾아 공부하게 되는 것이다. 요즘의 대학에서 요구하는 지식인은 주는 대로 받아먹는 사람이 아니다. 스스로 찾아 나가고, 만들어가는 말 그대로 자기 주도적이고 창의적인 인재를 요구한다. 그 연장선상에서 이 항목을 요구하는 것이다.

이 점을 명심하고 대학에서 요구하는 것을 분석해 보자. 주요 대학의 입학 후 학업계획과 향후 진로계획은 다음과 같다.

> ○ 입학 후 학업계획과 향후 진로계획에 대해 기술하시오. (한국대학교육협의회)
>
> ○ 지원자가 본교에 입학한 후 이루고 싶은 장래 목표와 이를 이루기 위한 계획을 구체적으로 기술하여 주십시오.
>
> ○ 본교 지원동기와 향후 학업 및 진로계획에 대하여 기술하십시오(1,000자 이내, 띄어쓰기 포함).
>
> ○ 자신의 관심분야 및 앞으로의 진로계획(예: 20년 후 자신의 모습)이 무엇인지, 이를 위해 고교시절에 어떠한 노력을 해왔는지 구체적으로 기술하시오(띄어쓰기 포함, 1,000자 이내 작성).

이 항목 역시 대학마다 조금씩 다르기는 하지만 대체적인 내용은 같다. 우선 대교협에서 제시하는 공통 항목을 가지고 설명해 보자. 요구하는 것은 두 가지이다. 첫째는 학업계획, 둘째는 향후 진로계획이다. 학업계획에는 어떤 공부를 할 것인지가 포함되어야 하겠다. 그리고 향후 진로계획에는 대학 졸업 이후에 어떤 분야에서 어떤 일을 하고 싶은지가 포함되어야 할 것이다. 이 항목을 작성하기 위해 다음 활동을 해 보자.

가. 어떤 활동을 통해 내 목표를 실현해 나갈 것인지 구체적으로 밝혀라

 이 항목은 지원자가 꿈을 구체적으로 어떻게 실현해 나갈 지를 봄으로써 지원자가 자기 주도적으로 학업을 해 나갈 힘이 있는지를 살펴볼 수 있다. 그리고 지원자의 발전 가능성, 그리고 해당 전공 분야의 인재상과 맞는지를 확인할 수 있다. 해당 대학의 커리어 프로그램과 연결 지을 수 있다면 더욱 좋은 인상을 입학사정관에게 줄 수 있을 것이다.

 그리고 학업계획을 쓸 때 전공에 대한 관심과 열정을 보여 줄 수 있도록 해야 한다. 경영학과에 진학해서 공부 열심히 한다가 아니라 경영학과의 어떤 공부를 어떻게 할 것인지 보여 주어야 한다. 이를 통해 자신의 발전 가능성을 보여줘야 한다. 그렇다고 해서 자신도 잘 모르는 전문용어를 남발하지 않도록 주의하자. 그 학과에 진학하고자 결정하였다면 그 분야의 관련 서적 한두 권 정도는 읽었을 것이다. 그 읽은 것을 바탕으로 학업계획을 세밀하게 작성하는 것이 필요하다.

> ○○대학교는 지식과 그의 응용이 잘 융합된 교육에 탁월한 명실공히 최고의 대학이라 생각합니다. 강의 시간에 배운 지식이 실제 현장에서 어떻게 진행되는지 경험할 수 있는 공학지식 실무응용 인턴십 프로그램이 잘 마련되어 있고 학부생 때부터 주체적 연구 경험을 쌓을 기회가 많은 등 국내 최고의 교육환경을 갖추고 있다는 것을 알고 있습니다. 기회가 주어진다면 최고의 환경에서 최선을 다해 배우고 익힐 뿐 아니라 다양한 프로그램에 적극 참여하여 창의적으로 노력하는 학생이 되도록 최선을 다할 것입니다. 또한 인문학 수업 수강을 통해 다양한 분야를 이해하기 위한 노력도 소홀히 하지 않겠습니다. 이러한 노력은 제가 테슬라와 같은 세기의

과학자가 되는 데 큰 힘이 될 것입니다.

나. 진로계획을 세울 때는 구체적이고 사회적 가치를 확인하라

졸업 이후의 진로계획은 구체적일수록 좋다. 그리고 자신이 하고자 하는 일의 사회적 가치를 생각해 보자. 진로계획이 구체적일수록 좋다. '우리나라를 대표하는 외교관이 되고 싶습니다'보다는 '우리나라에 심대한 영향을 끼치고 있는 주변 4대 강국과의 외교를 담당하는 외교관이 되기 위해 이러이러한 활동을 열정적으로 하고 싶습니다'라고 말하는 것이 훨씬 더 좋아 보인다.

또 요즘 우리나라에서 하도 '돈, 돈, 돈' 하니 모든 가치가 돈에 매어 있다. 그러나 모든 일의 가치를 돈에 두는 것은 바람직하지도 않을뿐더러 대학에서 키우고자 하는 인재상에도 어긋난다. 대학은 단순히 돈을 잘 버는 사람을 키우고자 하는 것이 아니다. 그러므로 자신이 나중에 하고자 하는 일의 사회적인 가치를 생각해 보라. 우리는 혼자 살아가는 것이 아니면 지금 이 순간도 수많은 다른 사람과 함께 살아가고 있다. 그러므로 자신이 하고자 하는 일의 사회적 가치를 구체적으로 확인하고 이를 향후 진로계획에 반영하는 것은 매우 중요한 일이다.

최근 우리나라의 핸드폰 제조 기술이 발달함에 따라 그에 따른 수익도 많이 증가했지만 그만큼 기술 로열티로 나가는 돈도 증가했다는 얘기를 들었습니다. 핸드폰뿐 아니라 IT같은 우리의 주력업종에서도 이런 현상이 일어나고 있다고 들었습니다. 전 앞으로 우리나라가 우리의 기초기술로 제품을 만들어 판매하고 오히려 외국에서 우리의 기술을 가져가 로열티로 돈을 벌어들이는 날을 꿈꾸고 있습니다. 그러기 위해 공학 중에서도 기초 분야격인 기계공학을 전공하고자 하는 것입니다. 제가 연구한 작은 기술이 훌륭한 제품을 만들어 내어 사람들의 생활을 편하게 할 수 있다면 그만한 기쁨은 없을 것입니다.

다. 실제 사례

저는 입학 후 세계를 누비는 기자가 된다는 꿈을 실현하기 위해 노력할 것입니다.

첫째로 세계무대를 위해 부족한 영어 능력을 보충하기 위하여 텝스, 토익 등의 공인 영어 시험을 준비하는 동아리나 스터디 클럽에 가입하여 공부할 것이며 회화를 위해 미국에 계시는 할머니 댁에 방문할 예정입니다.

둘째로 당연하겠지만 제가 전공으로 할 신문방송학을 우수한 성적으로 이수할 것입니다. 신문기자가 되기 위하여 신문방송학의 공부는 제 자신에게 좋은 바탕이 되어 줄 것입니다.

셋째로 심리학 계통, 세계 역사와 관련된 학문을 공부할 것입니다. 생생한 기사를 위해서라면 인터뷰를 해야 할 경우도 많이 있습니다. 그러한 상황에서 인터뷰 대상자의 심리를 더욱 잘 이해할 수 있다면 좀 더 좋은 인터뷰를 할 수 있다고 생각했기 때문입니다. 세계 역사의 경우 훗날 다른 나라를 누비고 그 나라를 이해하여 정확한 기사를 쓰기 위해서는 그 나라의 문화와 역사를 안다는 것이 중요할 것이라 판단하였습니다.

대학 졸업 이후에는 국내의 신문사에 취직하여 실전 현장의 경험을 쌓아 외국의 파견 기자가 되거나 외국의 신문사에 취직하여 제 꿈을 실현하고 싶습니다.

위 학생의 계획을 살펴보면 다음의 두 가지이다.

> 1) 학업계획
>   - 영어 공부(공인 영어 시험, 그리고 할머니 댁 방문)
>   - 신문방송학 공부
>   - 심리학, 세계 역사학 관련 공부
> 2) 향후 진로계획
>   - 국내 신문사 취업 이후 외국 파견
>   - 외국 신문사 취업

위 학생은 요구하는 사항 두 가지를 다 쓰기는 했지만 약간 부족하게 보인다. 첫째 학업계획과 향후 진로계획 가운데 학업계획에 너무 치중되어 있다. 향후 진로계획은 단 한 문장이다. 학업계획을 여러 가지로 너무 많이 썼기 때문이다. 향후 진로계획이 신문 기자가 되는 것으로 끝이다. 절반은 되지 않더라도 한 문장으로 끝낼 것은 아니다. 신문 기자가 된 이후의 계획이 없고, 그 일의 사회적 가치가 담겨 있지 않다. 신문 기자도 취재하는 분야가 여럿이다. 한 사람이 모든 분야를 취재하는 것이 아니다. 정치 분야, 사회 분야, 교육 분야, 국제 분야, 경제 분야 등 무수히 많다. 그리고 취재 활동과 기사 작성을 통해 자신이 보여주고자 하는 것이 없다. 단순히 신문 기자가 되는 것에서 끝이다. 그러므로 뭔가 부족해 보이는 것이다.

둘째 학업계획에서도 순서가 잘못되었고, 구체적이지 못하다. 학업계획에 맨 처음에 올라 있는 것이 영어 공부이다. 영어영문학과에 지원하려는 학생이면 당연히 영어 공부가 처음이어야 하겠지만 이 학생은 두 번째 항목의 신문방송학 공부가 맨 처음에 오는 것이 적당하다. 그리고 신문방송학 공부 계획도 '제 자신의 좋은 바탕이 될 것'이라는 추상적 수준에서 머물고 있으니 인상적일 수 없다. 신문방송학의 어떤 부분을 어떻게 공부할 것인지 없다. 그리고 대학 신문의 기자가 되겠다든지, 언론사의 대학생 기자단이 되겠다든지 하는 구체적인 내용이 들어 있었으면 더욱 좋았을 것이다. 물론 이때 지원하고자 하는 대학의 신문 이름을 알아보고 쓴다면 더 인상적인 지원자가 될 수 있을 것이다.

셋째, 학업계획에 필요 없는 항목이 들어 있다. 예를 들면 '영어 회화를 공부하기 위해 미국에 있는 할머니 댁을 방문할 예정'이라는 것이 과연 도움이 되겠는가 하는 생각이 든다. 없어도 되는 항목이 아닌가 한다. 그리고 심리학 계통, 세계역사 공부를 하겠다는 것도 전공 공부나 장래희망과의 연관성이 부족해 보인다. 해외 파견기자가 되겠다면 구체적으로 어떤 지역에서 취재활동을 하겠다거나 어떤 국제문제를 중점적으로 다루겠다는 것 없이 단순히 심리학 공부나 세계역사 공부를 하겠다는 것은 추상적인 수준일 뿐이다. 사실을 보도하는 것이 기자의 중심 활동이지 다른 이를 분석하는 것이 기자의 중심 활동은 아니다. 그러므로 기자가 되기 위해 심리학 공부를 하는 것이 전공 연관성이 약간 부족해 보인다. 또 세계는 200여 개 국가로 이루어져 있다. 그 많은 나라 중 어느 나라의 역사를 공부하겠다는 것인가? 구체성과 결합하지 못한 항목은 필요가 없어 보인다. 자신이 하고 싶은 일을 막연하게 만들어 버린 것이다. 그러니 구체적으로 연결시켜야 한다.

④ 개인의 장·단점

남들보다 뛰어나다고 생각하는 자신의 장점(특성 혹은 능력)과 보완·발전시켜야 할 단점을 기술하고 그것을 극복하기 위한 노력을 말하도록 함으로써, 지원자가 다양한 관점을 이해하는 능력과 타인을 배려하려는 의지를 갖고 있는지, 자신이 선택한 분야에서 장래에 요구하는 능력을 창출해 낼 수 있는가에 대해 평가를 할 수 있는 항목이다. 특히 이 항목에서는 무엇보다도 자신만의 이야기를 '자기의 목소리'로 담아낼 수 있는 진실성이 요구된다. 자신을 미화시키고 과장하거나 자신에 대해 포장해서는 안 된다. 지원자가 쓴 자기소개서는 구술·견접의 자료서도 활용되므로 객관성과 진실성에 바탕을 둔 글이어야 한다. 그렇다면 어떻게 써야 좋은 평가를 받을 수 있을까?

가. 장점을 최대한 부각시켜 자신을 소개하는 능력이 필요하다

자신의 장점을 최대한 부각시켜야 하지만 그렇다고 해서 자신을 지나치게 미화하면 오히려 신뢰성이 떨어진다. 그러므로 자신의 장점과 특성을 자신의 말로 솔직하게 써야 한다. 그리고 단점을 쓰라는 항목에 대해서는 망설일 수밖에 없다. 그러나 자신이 가지고 있는 단점에 대해서도 진솔하게 기술하고, 그것을 극복하기 위해 어떤 노력을 하고 있는지를 진술하면, 오히려 장점으로 부각될 수 있다.

> 나는 부모님으로부터 자신에게 주어진 일을 책임감 있게 스스로 해결하도록 교육받았다. 두 분이 모두 직장일로 바쁘셨기 때문에

숙제나 공부는 혼자서 하는 일이 많았다. 이 과정에서 자연스럽게 문제해결능력이 길러진 듯하다.

중학교 때, 아버지의 회사일로 미국에서 공부할 수 있는 기회가 생겼다. 한국에서 중학교 2학년 1학기까지의 과정을 마치고, 미국으로 가서 고등학교 2학년 1학기까지 공부했다. 한국에서의 학년보다 높은 학년으로 시작했기 때문에 처음에는 어려움이 많았다. 하지만 어릴 때부터 길러진 문제해결 능력 덕분에 쉽게 적응할 수 있었고 수업을 비롯한 여러 학교 활동에서 좋은 결과를 얻을 수 있었다. 나의 공부 방식이 다른 친구들과 다른 점이 있다면 사교육에 의존하지 않았다는 점을 들 수 있다. 사교육을 받지 못할 만큼 형편이 어렵거나 부모님이 사교육을 반대하신 것도 아니지만 학원에 다니는 상당수의 학생들을 보면서 그러한 교육이 나에게는 필요가 없다고 판단했다. 나는 최대한 객관적인 정보와 나름의 분석을 토대로 어떤 선택을 하려고 노력한다.

내가 생각하는 나의 최고 장점은 해야 한다고 생각하는 일은 책임감 있게 수행하려고 한다는 점이다. ○○○○에서 수료한 일반화학 강의와 겨울방학 때 혼자 공부한 물리 2에서 좋은 성적을 얻을 수 있었는데, 이는 꾸준한 노력 덕분이다. 미국에서는 밴드부에서 플루트를 맡았는데 여러 달 동안의 집중적인 연습으로 몇 년 동안 불어온 학생과 비슷한 수준에 이르렀다는 평을 받은 적도 있다. 이러한 경험들은 어떤 일을 하겠다고 마음먹으면 최상의 결과를 얻어내려는 꾸준한 노력의 결과이다.

나. 학업 이외에 자신의 성격이나 재능을 쓰라

이때 자신이 가지고 있는 열정과 어려움에도 쉽게 굴복하지 않는 도전정신과 창의성 등을 기술하면 좋은 인상을 줄 수 있다. 특히 이 항목을 작성할 때 자신이 지원한 전공 분야가 요구하는 인재상과 연결하여 쓴다면 더 좋은 인상을 줄 수 있을 것이다.

제가 가지고 있는 여러 장점 중 하나는 바로 끝없는 호기심입니다.

저는 주위의 사소한 사물이나 현상들에 대해 항상 '왜?'라는 호기심을 가집니다. 그것은 책읽기 중에도 마찬가지입니다. 그리고 이 호기심을 단지 궁금한 것에서 끝내버리지 않고 그것에 대한 답을 찾기 위해 여러 수단과 방법을 동원하곤 합니다. 주말에 도서관에 가서 4~5시간씩 책을 찾아가면서 궁금증을 해결하는 것은 예사입니다. 이런 경험들 중 가장 기억에 남았던 것은 바로 '우주에는 수백억 개의 별이 있다고 하는데 지구의 밤은 왜 이렇게 어두울까?' 라는 의문에 대한 답이었습니다. 저는 이 의문에 대한 답을 도서관에서 한참 동안 책을 뒤진 후에야 알 수 있었습니다. 우주에 수백억 개의 별이 있다고는 하지만 별들이 내는 빛이 아직 지구에 도달하지 않았기 때문에 밤하늘이 낮처럼 그렇게 밝지는 않다는 것이었습니다. 그리고 여기에 더해 만약 지구에서 아주 멀리 떨어진 별이 폭발해서 사라진다고 해도 그 빛이 우리에게 도착하지 않은 이상 그 별이 우리에게는 다른 별과 마찬가지로 건재해 보인다는 것도 알 수 있었습니다. 저는 다양한 방법으로 의문을 해결하려 하였을 뿐만 아니라, 그 의문을 해결하는 과정에서 의문에 대한 답과 그 외의 다른 많은 사실들에 대해 알 수 있었습니다. 이런 경험들이 저의 발전을 가능하게 했다고 생각합니다.

지금까지 인류가 발전할 수 있었던 것은 '왜 그럴까?'라고 하는 작은 호기심을 바탕으로 이루어졌다고 해도 과언이 아닙니다. 과거 연금술사들이 '돌을 금으로 만들 수는 없을까?'라고 하는 의문으로 시작했던 실험은 비록 돌을 금으로 만드는 데에는 실패했지만 화학 발전에 놀라운 기여를 하였고 유용한 신물질도 더불어 개발함으로써 현재의 우리 삶을 좀 더 윤택하게 하였습니다. 저의 호기심이 저의 미래에 큰 발전을 가져올 것이라 확신합니다.

다. 실제 사례

- 새로운 도전정신과 배우는 자세

시골에서 생활한 저는 주위 사물과 자연에 대한 호기심이 많아 다니던 초등학교에서 '엉뚱한 아이'로 통했었는데, 그게 우연히 과학을 담당하시는 선생님 눈에 띄어 과학 실험대회를 대비한 여러 가지 실험을 하며 2년 정도를 과학실에서 살다시피 한 적이 있습니다. 그때 같은 조였던 다른 두 명의 친구들과 함께 전국 대회에서 소리에도 에너지가 있는가를 실험하여 금상을 받았습니다. 그때 과학실에서 보냈던 2년 남짓의 시간은 저에게 아직도 좋은 추억으로 남아 있습니다.

저는 특별히 내성적인 성격은 아니지만 친구를 사귀는 데 시간이 조금 오래 걸리고 처음 만나는 친구들 사이에서는 적극적으로 나서지 못합니다. 이런 저의 단점을 극복하기 위해서 고등학교 때는 '○○'이라는 천문 동아리 활동을 했습니다. 생긴 지 얼마 되지 않은 동아리였기에 학교 축제와 같은 행사를 치르기 위해서는 다른 학교의 친구들을 만나 의논하는 경우가 많았습니다. 이러한 공동의 프로젝트를 여러 사람과 함께 기획, 연출하면서 사람들을 만나는 것에 자신감이 생겼고, 보다 적극적인 성격으로 바뀌게 되었습니다. 2학년 때 동아리의 회장을 하게 되었는데, 이때 후배들을 지도하는 과정에서 제게 부족했던 지도력을 가지게 된 것도 동아리 활동을 통해 얻은 또 하나의 수확이라고 할 수 있습니다. 회장을 하면서 여러 선배들과 친구, 후배들을 좀 더 깊이 있게 이해할 수 있었고, 비록 작은 규모의 모임이지만 모임을 이끌어 가는 위치에서 저의 생각을 키울 수 있었습니다.

위 학생의 글을 분석해 보면 크게 두 가지이다.

1) 장점 - 호기심
  - 초등학교 시절의 별명과 과학실험대회
2) 단점과 극복 사례
  - 내성적인 성격
  - 동아리 활동을 통해 적극성과 리더십을 기름

위 학생은 자신이 가지고 있는 장점과 단점을 잘 썼다고 할 수 있다. 첫째, 장점과 단점 모두 자신의 경험을 바탕으로 작성하였다. 초등학교 시절의 별명, 그리고 과학 실험 대회의 구체적인 과제명까지 제시하여 자신의 장점인 '호기심'과 '도전정신'을 드러냈다. 그리고 단점인 '내성적인 성격'을 어떤 과정을 통해 '적극적인 성격'으로 바꾸게 되었는지를 구체적으로 그리고 있다. 그 과정을 통해 부가적으로 '리더십'까지 기르게 되었고, '다른 사람을 이해하는 마음'까지 가지고 있다는 것을 자연스럽게 썼다. 이렇게 구체적 경험을 통해 자신의 장점을 드러냄으로써 글을 읽는 사람이 머릿속에 학생의 특성을 구체적으로 그릴 수 있다.

둘째 위 학생은 자신의 장단점을 자신이 지원한 전공 분야와 관련하여 씀으로써 일석이조의 효과를 거두고 있다. 자신이 가지고 있는 과학에 대한 호기심과 도전정신을 연결함으로써 전공 분야가 요구하고 있는 인재상과 맞아 떨어진다.

한 가지 아쉬운 점을 지적하자면 학생이 들고 있는 '호기심'과 '도전정신'이 초등학교 시절에 있었던 일이라는 것이다. 고등학교 시절까지 꾸준히 지속되었다는 것을 보여주었다면 더욱 좋았을 것이다. 물론 다른 항목을 통해 자신의 특성을 드러내고 있다면 큰 무리는 없겠다.

5 비교과 활동

'비교과 영역'이라 함은 학교 교과 영역 이외 다양한 지원자의 활동 영역을 총칭하는 것이다. 지원자의 정의적인 부분과 함께 학교 교과 성적에는 반영되어 있지 않은 지원자의 인지적인 부분을 평가하는 영역을 말한다. 비교과 영역의 주요 평가 내용으로는 대인 관계

(지도성, 협동성, 사려성), 봉사성, 내적 성숙성(정직성, 책임감, 성실성), 논리력·창의력 등이다. 이외 기타 교육환경과 성장환경 등을 포함해 지원자를 총체적으로 이해하고 평가하고자 한다.

몇 년 전까지만 해도 수상경력, 진로지도상황, 재량활동, 특별활동, 체험학습, 독서활동을 담은 학생생활기록부의 비교과 영역은 의례적인 기록에 불과했다. 그러나 입학사정관전형이 도입된 뒤에는 사정이 달라졌다. 중요성이 점차 커지고 있다. 대부분 전형에서 지원자의 잠재력과 발전 가능성, 전공과의 적합성을 확인하기 위한 자료로 적극 활용한다.

꼭 대학입학을 위해서가 아니라도 청소년기를 풍요롭게 보내고 다양한 경험과 자질을 가진 인재로 자신을 제시한다면 좋을 것이다. 미국 등의 주요 선진국에서도 대학신입생 선발 시 동아리 활동 경력이나 봉사활동 경험 등 다양한 비교과 활동을 주요 평가 내용으로 하고 있다. 대학입시에서 수시전형 모집 인원이 확대되면서 내신 성적과 더불어 비교과 활동도 중요해졌다.

입학사정관은 "지원자의 잠재력과 발전 가능성, 전공 적합성을 어떻게 판단하나?"라는 질문을 자주 받는다고 한다. 저마다 기준이 다르겠지만 기록돼 있지 않은 사실은 평가할 수 없다는 점이 중요하다. 학생부의 비교과 영역은 가장 객관적으로 자신의 장점을 평가받을 수 있는 증거물이다. 그러나 이런 증거물은 한 번에 만들기 힘들다. 학교생활을 하면서 틈틈이 다양한 활동을 해둬야 한다. 또 하나, 반드시 기록으로 남겨야 한다. 입학사정관전형 합격의 첫걸음이다.

즉 학업 이외의 활동영역에 대한 경험과 자신의 성장과의 연관성을 말할 때 목표를 위해 지금까지 노력한 과정(계발·봉사·학급·

체험활동 등)을 곁들이면 좋다. 그 과정에서 얻은 결과, 즉 수상경력이나 자격증이 있으면 더욱 돋보일 수 있다. 수상경력이 없더라도 작은 일이어도 적극적이고 주도적으로 해결하는 내용을 기재하면 좋다. 아울러 자신이 전공하고자 하는 분야에 전문지식과 경험을 갖고 있는지를 먼저 생각하고 그에 대한 연구 자료를 첨부한다면 인상적이다.

가. 인격적 특성

- 대인관계: 대인관계에서 보는 세부 내용은 지원자의 지도성, 협동성, 사려성이다. 다시 말해 지원자가 다른 사람들과 함께하는 공동체 속에서 어떻게 생각하고 행동했는지를 본다. 다른 사람들과의 관계를 위해, 공동체를 위해 적극적으로 생활하는 모습이 중요하다. 따라서 학급활동에 적극적으로 참여하며 다른 사람들과 함께 하는 활동에 참여하면서 느낀 다양한 경험을 제시하는 것이 좋다.
- 봉사성: 다른 사람들을 위해 자신의 시간과 노력을 아끼지 않고 기꺼이 수고하고 있는지를 본다. 자신의 미래를 위해 준비하는 것도 중요하겠지만 이 사회에 좋은 영향을 미칠 수 있는 리더가 되기 위해서는 봉사정신을 키우는 것 역시 중요하다. 이를 위해 사회의 여러 부분에 대해 살피고 자신의 관심과 앞으로의 전공분야 등을 고려하여 봉사활동을 꾸준히 하는 것이 좋다.
- 내적 성숙성: 내적 성숙성에서 보는 세부 내용은 지원자의 정직성, 책임감, 성실성이다. 평소 올바른 가치관을 가지고 바르게 생활하며, 또한 자신의 삶과 시간에 대해 주인의식을 가지고 열심히 생활하는 모습이 중요하다.
- 논리력·창의력: 교과 성적 외에 다양한 상황 속에서 나타난 지원자의 논리력과 창의력을 본다. 학교 교과시험에서 최선을 다할 뿐 아니라 다양한 수행평가나 과제제출 시 자신의 논리력 또는 창의력을 맘껏 발휘하는 것이 향후 대학에서 학문을 하는 데에도 많은 도움이 될 것이다.

나. 활동은 다양하게, 작은 활동이라도 성실하게 써야 한다

지망하는 전공과 관련 있는 활동만 하려는 지원자가 있다. 그러나 비교과 영역은 다양한 활동을 통해 자신의 재능이 무엇이고 어떤 분야에 적성이 있는지를 찾아가는 과정이다. 전공과의 적합성 유무와 상관없이 교내 행사나 동아리에 적극적으로 참여한 내용을 기록하는 것이 좋다. 간단하지만 전공에 대한 관심을 보여주는 좋은 방법이다.

기존 전형으로는 합격할 수 없는 내신 성적을 갖고도 다양한 비교과 활동으로 합격하는 학생이 많다. 비교과 영역은 교과 성적을 바탕으로 학생의 관심과 적성이 어디에 있는지 확인하는 자료다. 무조건 화려하고 많은 활동을 해야 한다는 압박을 느낄 필요가 없다. 다양한 활동을 통해 자기 색깔을 드러내는 하나의 스토리를 만들어야 한다. 화려한 활동 내용은 없어도 3년 내내 완벽한 출결, 작은 활동이라도 성실하게 임한다는 점을 입증할 수 있다면 자기만의 색깔이 될 수 있다.

다. 비교과 활동의 주무대는 '학교'라는 점을 잊지 말자

비교과 활동을 하는 주무대는 학교라는 점을 명심하자. 멀고 거창한 것을 적어야한다는 생각을 버리고 주변에서 찾으면 된다. 교내활동을 성실하게 한 내용이 입학사정관전형의 주요 전형자료 중 하나인 교사추천서의 내용을 풍부하게 할 수 있다. 구체적인 근거로 학생의 성실성과 재능을 말해주는 소개서가 가장 설득력 있다.

라. 많은 수상실적에 집착 말아야 한다

수험생 대다수가 비교과 영역의 양적 성과에 집착한다. 예를 들어 봉사활동 시간이 많고 학급 회장을 여러 번 하고 수상 실적이 많아야 한다고 생각한다. 물론 이러한 노력이 아예 불필요하지는 않다. 하지만 입학사정관은 비교과 활동을 얼마나 많이 했는가보다는 얼마나 잘했는가를 더 중요하게 평가한다. 즉, 그런 활동을 하게 된 동기와 과정, 또 장래희망과의 연관성을 집중적으로 본다. 해외 봉사활동이나 유명 단체에서 주최하는 행사에 참석하려고 할 필요는 없다. 어떤 봉사활동을 했는가보다 봉사활동을 통해 어떤 점을 느꼈는가가 더 중요하다.

마. 자기소개서-추천서와도 연결되게 써야 한다

비교과 영역 평가에서 중요한 점은 일관성이다. 대부분 대학은 비교과 영역에 나타난 결과를 달성하기까지의 과정을 함께 살피기 위해 자기소개서와 추천서, 기타 서류를 종합적으로 본다. 예를 들어 비교과 영역에 리더십을 강조하는 활동을 기재했다면 자기소개서와 추천서에도 리더십이 뛰어나다는 내용이 나와야 좋다. 그래야 정말 리더십이 뛰어나다는 사실을 증명할 수 있다. 따라서 입학사정관전형을 준비할 때는 비교과 영역과 다른 자료 간 유기적 관계를 고려하는 게 효과적이다

Ⓠ 교과 성적이 아무리 좋아도 비교과 영역이 부실하면 합격하기 어려운가?

Ⓐ 전형에 따라 다를 수 있지만 합격이 쉽지는 않다. 다른 지원자의 내신이 현격하게 차이가 나고 교과 성적이 비교과 영역의 부족함을 압도할 만하다면 가능하다. 그러나 입학사정관 전형은 교과 성적뿐만 아니라 다양한 잠재력을 평가하기 때문에 교과 성적만으로 합격하기는 어렵다.

Ⓠ 여러 대회에 나갔어도 수상 실적이 없다면?

Ⓐ 입학사정관전형은 결과보다는 과정 중심의 평가다. 어떤 과정을 거쳤는지를 중요하게 보기 때문에 참여하기까지 노력한 과정이나 그를 통해 얻은 경험이 가치가 있다.

Ⓠ 동아리 활동을 열심히 했는데 지원 학과와는 별 관련이 없다면?

Ⓐ 활동을 했다는 사실이 도움이 된다. 입학사정관전형에서는 지원자의 여러 가지 역량을 본다. 다양한 경험을 했는가 여부도 중요한 평가 요소다.

Ⓠ 이과 쪽 학생이 문과 쪽 학과에 지원하면 불리한가?

Ⓐ 성장기 학생은 꿈이 변할 수 있다. 지망 학과를 바꿀 수밖에 없었던 이유를 설득력 있게 제시하면 크게 문제가 되지 않는다.

바. 실제 사례

○ 교내·외 활동 중 가장 의미 있다고 생각하는 활동을 5개 이내로 기술하여 주십시오.

▶ 학교생활기록부에 기록되어 있지 않은 내용은 반드시 증빙서류를 첨부해야 합니다. 단, 연구활동, 작품출판 등은 학교생활기록부에 내용이 기재된 경우에도 해당 실적물(또는 원본 대조필

한 사본)을 제출하십시오.
▶ '의미 있다고 생각하는 이유'는 각 활동별로 띄어쓰기를 포함하여 500자 이내로 작성해야 합니다.

- 활동명: 제9회 ○○ 온라인 과학탐구 대회
- 활동 기간: ○○년 ○월 ~ 현재
- 활동 내용 및 느낀 점: ○○ 온라인 과학탐구 대회를 통해 한 달간 '그린 홈에 적용 가능한 방안 탐구'라는 주제로 탐구 활동을 하였습니다. 조원들과 함께 협의하여 이끼를 이용한 중수처리장치를 고안해냈습니다. 구상단계에서는 아주 가능성이 있어 보였으나 실재 실험을 해보니 생각했던 바와 같이 실험 장치를 만들기도 어려웠고 여러 가지 변인들을 통제하는데 큰 어려움을 겪었습니다. 결국 실험은 만족스러운 결과를 얻을 수 없었고 실패를 맛보았습니다. 비록 성공적인 결과를 얻지는 못 했지만 조원들과 함께 한 달간 탐구를 하면서 팀워크의 중요성을 배웠고, 고등학교 생활에서 쉽게 경험할 수 없는 탐구활동을 해보며 정밀한 실험의 어려움에 대해 다시 한 번 생각해 보게 되었습니다.

- 활동명: 중·고등학생 수학 경시대회 참가 활동
- 활동 기간: ○○년 ○월 ~ ○○년 ○월
- 활동 내용 및 느낀 점: 교내 수학 경시대회를 거쳐서 시 대회에 참가, 금상 수상자 자격으로 그때 당시 고등학교 2, 3학년 선배들과 함께 ○○대학교에서 열리는 전국 수학 경시대회에 참가하게 되었습니다. 대학교 강의실에서 고등학교 1학년의 나이로 대회에 참가하여 실력을 겨룬다는 그 자체만으로도 저에게는 소중한 경험이었습니다.
이런 큰 대회를 참가함으로써 제가 배울 수 있었던 건 저 자신에 대한 자신감과 적극성입니다. 그때 배운 자신감과 적극성은 공부뿐만 아니라 전반적인 제 생활에 활력을 넣어준 값진 재산이 되었습니다.

- 활동명: 전국 과학탐구대회
- 활동 기간: ○○년 ○월 ~ ○○년 ○월
- 활동 내용 및 느낀 점: 전국 과학탐구대회는 제가 욕심내는 대회였습니다. 과학탐구대회는 수학 경시대회와 달리 2명이 한 조가되어서 참가하는 대회라 더욱 의미가 있었기 때문입니다. 저희

조의 필기시험 성적은 1등이지만, 실험시험 성적은 그에 비해 많이 떨어진다는 지도 선생님의 말씀을 듣고, 그동안 고등학교생활을 하면서 실험을 통해 직접 보고 느끼는 체험이 많지 않았다는 점에 많은 아쉬움을 느꼈습니다. 책을 통한 이론적인 과학에만 치중해 있지 않았는지 스스로 반성해 보면서 실험에 더욱 관심을 기울이는 계기가 되었습니다.

- 활동명: ○○○ 독서회
- 활동 기간: ○○년 ○월 ~ 현재
- 활동 내용 및 느낀 점: 같은 책을 읽고 토론을 통해 함께 생각을 공유하면서 좀 더 깊은 의미를 되짚어보는 습관을 들일 수 있었던 활동이었습니다. 또 선생님께서 준비하신 퀴즈를 풀면서 책과 더 친해지는 계기가 되었습니다.
특히 이 독서회를 하면서 2기 팀장을 맡아 토론을 이끄는 진행자로서의 역할이 저에게는 중요한 경험이었습니다. 평소 우유부단한 성격 탓에 일에 대한 추진력이 부족했던 저는 팀장으로서의 책임감과 지도력을 배울 수 있었고, 그것이 바탕이 되어 2년 동안 교내 심화반 반장 역할도 잘해낼 수 있었습니다.

- 활동명: ○○ 양육원 영아 돌보기 및 가사
- 활동 기간: ○○년 ○월 ~ 현재
- 활동 내용 및 느낀 점: ○○ 양육원에서 제가 만난 아이들은 조그마한 5살 내외의 꼬마 아이들이었습니다. 한창 애교부리고 떼를 쓸 나이인데, 마음껏 그러지 못하는 아이들을 보면서 마음 한구석이 찡해졌습니다. 하지만 그 아이들에게 필요한 건 그런 연민이나 동정보다는 같이 놀아 주고 친구가 되어 주는 것이라는 생각이 번뜩 들어 그 아이들과 함께 책도 읽고 같이 놀면서 한나절을 보내고 왔습니다. 그 아이들을 보면서 제가 가진 것들에 대한 감사함을 느끼기에 앞서 제가 가진 것을 함께 나눌 수 있는 넉넉함을 지니는 것이 옳은 일이라 생각하였습니다.

- 활동명: ○○봉사단 '과학 봉사반'
- 활동 기간: ○○년 ○월 ~ 현재
- 활동 내용 및 느낀 점: ○○봉사단 과학 봉사반으로 활동한 경험은 ○○고등학교 생활에서 아주 의미가 있는 경험이었습니다. 학교에 다니면서 학업뿐만 아니라 다양한 체험활동과 봉사 활동을

할 수 있었기 때문입니다. 특히 학년마다 주제를 정해 1학년 때는 ○○강 환경정화활동과 수질오염실태조사를 하였고 2학년 때는 ○○ 주변 생태습지체험과 지구온난화 원인을 조사하는 활동을 하였습니다. 이러한 활동 경험은 제가 지역 환경에 대해 더 실제적으로 이해하고, 환경 분야 일을 해나가겠다는 결심을 한 계기가 되었습니다.

- 활동명: ○○봉사단 '과학 봉사반'
- 활동 기간: ○○년 ○월 ~ 현재
- 활동 내용 및 느낀 점: 고등학교 생활 중 가장 흥미 있었던 활동은 ○○동아리 활동이었습니다. 저는 고등학교 과학수업은 이론 위주라 조금은 지겨울 것 같다고 생각하였습니다. 하지만 ○○은 저에게 축제나 축전 준비를 하면서 다양한 실험을 직접 해 볼 수 있는 기회를 주었고 여러 과학 관련 체험활동 즉 화학시험연구소 견학, 상하수도처리시설, 보건환경연구원을 견학을 통해 과학에 대한 흥미와 관심을 키울 수 있게 해 주었습니다. 특히 축전과 축제에서 아이들이 제가 실험해 주고 설명해 주는 것에 신기해하고 기뻐하는 모습을 보면서 보람을 느낄 수 있었습니다.

- 활동명: 생태체험학습 (○○ 주변의 습지를 찾아서)
- 활동 기간: ○○년 ○월 ~ 현재
- 활동 내용 및 느낀 점: 습지는 생태계의 정화역할을 하는 없어서는 안 될 존재입니다. 그런 습지를 나의 고장 주변에서 찾아다니는 활동은 시작 전에도 흥미로웠습니다. 활동 후에도 습지가 인간에게 많은 도움을 제공한다는 것을 알았고, 습지의 아름다운 모습을 보고 우리나라에도 이런 곳이 있구나라고 감탄하였습니다. 하지만 그런 습지가 우리나라에 얼마 남지 않았다는 사실에 안타까웠고 남은 습지라도 보호해야겠다는 생각이 들었습니다.

6 독서활동

자기소개서에서 자신을 잘 드러낼 수 있는 또 하나의 항목이 '독서활동'이다. 읽고자 하는 책을 선택할 때 자신의 관심과 독서 이력이 반영되므로, 독서는 자신을 드러낼 수 있는 또 하나의 자화상이라 할 수 있다. 책을 읽은 후 인상 깊은 작품의 내용, 작품을 통해 느끼고 배운 점 등을 기록하는 것이다. 이를 통해 작품을 더 체계적으로 이해하고 책 속 인물과 상황을 통해 변화된 생각을 정리할 수 있다.

대학입시에 입학사정관제가 도입된 이후 독서교육에 대한 학부모의 관심이 더욱 커졌다. 대입 업무를 주관하는 한국대학교육협의회는 입학사정관이 평가하는 창의적 체험활동의 제1항목으로 독서활동을 제시했고 대부분 대학은 독서경험을 자기소개서 항목으로 반영한다. 어린 시절부터 어떤 책을 읽어왔는지가 학생의 적성과 흥미를 보여주기 때문이다. 자기소개서의 독서활동 기록을 통해 지원자의 사고의 폭과 깊이를 가늠할 수 있고, 지원자의 진로와 관련된 독서활동의 경우 진로에 대한 지속적인 관심 및 진로 개척의지를 평가할 수 있어, 대학에서 선호하는 항목이기도 하다.

가. 책을 읽게 된 동기나 이유를 밝힌다

$F=ma$의 근원이 궁금하여 읽게 된 뉴턴의 전기입니다. 뉴턴의 삶의 행적, 그의 당시 생각을 따라가다 보면, 그가 도출해 낸 결론의 끝을 볼 수 있을 것이라 생각했기 때문입니다. 하지만 저는 이 책에서, 그보다 더욱 중요한 것을 얻을 수 있었습니다. 한때, 이해가 빠르고 새로운 발상을 잘하는 친구들을 보면서 '이래서야 내가 공부

로 살아남을 수 있을까' 하는 나약한 생각을 가졌었는데, 뉴턴의 학문 탐구에 대한 태도를 통해 학문 탐구의 자세와 삶의 자세에 대하여 다시 한 번 생각할 수 있었습니다.

- 리처드 웨스트폴, "프린키피아의 천재"

나. 감명 깊었던 구절, 장면을 기록한다

이 책을 통해 입시만을 위해 바쁘게 살아가는 제 삶을 성찰하는 계기가 되었습니다. 한 사람의 생애란 과연 무엇이며 무엇을 위해 살아야 하는 것일까. 췌장암에 걸려 시한부인생을 선고받는 저자는 "당신도 시간이 얼마 남지 않았다는 것을 알게 될 때가 있을 것이다"라고 말하면서 시간의 소중한 가치를 역설하고 있습니다.

- 랜디 포시, "마지막 강의"

다. 글쓴이가 말하고 싶은 것, 작품의 핵심내용과 주제를 파악하여 적는다

고등학교 2학년생일 때 형에게 선물로 받았습니다. 학기 중에는 시간이 없어 방학을 이용하여 읽었는데, '지구의 딜레마'라는 제목만 보아도 아주 심각한 지구 환경문제를 다루고 있다는 것을 짐작할 수 있었습니다. 예상대로 이 책에서는 토양의 생산성 하락과, 물 부족, 토양 유실, 기후 변화 등에 대한 다양한 통계와 연구 자료를 통해 성장의 한계에 다다른 지구의 모습을 보여 주고 있었습니다. 이 책의 저자는 2005년 중국의 밀수입 급등으로 인한 세계적인 밀 값 상승을 예측해 냈던 래스터 브라운입니다. 그는 가까운 미래에 인구증가, 식량 부족, 물 부족 등이 심화되면 식량 생산량이 감소하게 되고 식량의 무기화가 현실이 될 수 있다고 말했습니다. 또한 이러한 식량 부족과 자원의 고갈은 전 세계를 경기침체에 빠트리고 국가 간 전쟁을 유발할 것이라 예측하였습니다. 이처럼 무분별한 개발과 자연파괴는 지구를 만신창이로 만들었고 이것은 다시 인간에게 돌아와 위협이 되고 있다는 것을 저자는 말해 주고 있습니다.

- 레스터 브라운(Lester R. Brown), "지구의 딜레마"

라. 책을 통해 새롭게 알게 된 사실들을 강조하여 적는다

자신이 정한 가치관을 정직하고 일관되게 걸어온 저자를 본받아 저 또한 그런 삶을 살고 싶다는 생각이 들었습니다. 정도를 걸으며 진실한 삶의 가치를 추구하기 위해 눈앞의 이익과 타협을 거부한 진정한 그의 용기에 큰 감동을 받기도 하였습니다. 근시적인 안목이 아니라 멀리 바라볼 줄 아는 그의 안목을 통해 경영자와 관리자에게 요구되는 자질과 덕목을 생각해 보았습니다. <u>이제 사회는 더 이상 경영자와 관리자로 구분하지 않는 시대로 빠르게 변해가고 있습니다. 급변하는 정보화 사회에서는 실무와 경영의 분리가 아니라 서로 유기적인 긴밀한 관계를 가짐을 알게 되었습니다.</u> 구단주와 감독의 관계가 아니라 내가 선수이면서 매니저 역할을 할 수 있어야 하는 시대라는 말이 떠오르기도 했습니다. <u>전문적인 능력과 신뢰감을 바탕으로 한 리더십만이 이 시대의 진정한 승자가 될 수 있음을 알게 되었습니다.</u> 이 책을 읽으며 산업의 관리자로서 리더십의 핵심이 무엇인지 조금이나마 알게 되었습니다.

- 안철수, "CEO 안철수, 지금 우리에게 필요한 것은"

마. 작품에 대한 전체적 느낌과 생각을 정리하여 책을 통해 얻은 교훈 과 다짐 등을 적는다

고등학교에 입학하여 언어영역 공부를 하다가 도종환 시인의 담쟁이를 읽고 깊은 감동을 받아 구입하게 된 시집입니다. <u>특히 고등학교 3년간의 힘든 시기마다 도종환 시인의 시는 큰 힘이 되어 주었습니다.</u> '길이 보이지 않는다고 경박해지지 않고 길이 보이기 시작한다고 요란하지 않았다. 그렇게 묵묵히 걸어갈 줄 알았다', '산 벚나무'라는 시의 한 구절입니다. 학업에 지치고 마음이 약해질 때면 '산 벚나무'를 읽었습니다. <u>풍경을 조용히 머릿속에 그려보며 차분한 마음으로 다시 집중하였고, 성취에 자만하지 않고 실패에 좌절하지 않는 마음가짐을 상기시켰습니다. 수학 성적 때문에 힘들어할 때 '처음 가는 길'을 읽었습니다.</u> '아무도 가지 않은 길은 없다', '두려워 마라 두려워하였지만 많은 이들이 결국 이 길을 갔다'고 말하는 시를 읽으며 겁먹거나 포기하지 않고 공부에 정진할 수 있

없습니다. 학창시절, 힘든 순간마다 버팀목이 되어주고 풍요로운 감
수성을 갖게 해 준 이 책은 앞으로도 저의 동반자가 될 것입니다.
- 도종환, "해인으로 가는 길"

바. 책을 읽고 난 후 가장 선명하게 남아 있는 생각이나 느낌을 자세히 표현하는 것도 독서 감상문의 시작으로 좋은 방법이 될 수 있다

이 책은 제가 평소에 다른 종교에 관해서 좋지 않게 생각했던 부분
을 한 번에 없애 주었습니다. 그 책의 인물 중 할아버지의 대사 중
에 "종교는 모두 한곳으로 간다. 다만 그 길이 다를 뿐이다"라는
대사가 있습니다. 저는 이 한마디에 지금까지 다른 종교를 부정적
으로 생각했던 자신을 되돌아보고, 그런 말 한마디가 사람을 이렇
게까지 바꿀 수 있다는 사실에 놀라웠습니다. 또한 책읽기를 싫어
하는 저로서는 그것으로 인해 책을 읽으면서 얻는 것이 이런 거구
나라는 것을 깨달았습니다.
- 황석영 , "바리데기"

사. 감동과 같은 긍정적 평가만이 아니라, 비판 및 부정적인 평가도 쓰게 되면 강한 인상을 줄 수 있다

처음 이 책을 읽었을 때, 인간과 컴퓨터가 직접 연결되어 인간의
능력을 높이게 된다면 정말 멋진 일이라 생각했습니다.
그러나 생각을 하면 할수록 사이보그가 된다는 것은 인간의 본질
을 훼손하는 행위라 느껴졌고 지금은 이 저자의 의견에 찬성하지
않습니다. 인간의 신체 일부를 기계로 대체하고, 없었던 능력을 기
계적으로 구현한다는 점에서 저자는 사이보그를 인위적 진화라 생
각하지만, 저는 그것이 인간의 본질적인 면에 좋은 영향을 줄지 의
문입니다.
- 케빈 워릭, "나는 왜 사이보그가 되었는가"

아. 책의 내용을 단순하게 요약하거나 줄거리를 길게 써서 분량을 늘려서는 안 된다. 책을 읽고 느끼고 배운 점, 자신의 의미 있는 변화를 중점으로 진술하게 적는 것이 좋다

제가 감명 깊게 읽은 책은 로버트 팔콘 스콧의 『남극일기』입니다. 이 책은 세기의 대결이라고도 불리는 아문센과 스콧의 남극점 정복 대결을 다루고 있습니다. 스콧의 일기가 발견되기 전까지는 남극점에 먼저 도착하기 위한 아문센과 스콧의 모험 이야기가 승리자인 아문센만 빛나는 승리자로, 스콧은 패배자의 모습으로 기억되었습니다. 하지만 이후 스콧의 일기가 발견되자 그 평가는 달라졌습니다. 저 역시 이 책을 읽기 전에는 스콧의 부족한 점만을 알고 있었지만, 책을 읽고 난 후에는 이 생각이 옳지 않았다는 것을 알게 되었습니다.

오히려 스콧이 지닌 매력에 빠져들게 되었는데, 리더로서의 강인한 모습과 인간적인 면을 모두 갖춘 점이 특히 와 닿았습니다. 대장으로서 탐험 준비에 철저하고, 위기에 빠진 팀 동료를 몇 시간 동안 로프에 매달려 구해내는 그에게서 강인한 리더로서의 모습을 보았습니다. 한편으로는 죽음이 엄습해오는 순간에도 팀 동료들을 격려하고, 이미 죽은 동료들의 가족들에게 일일이 편지를 쓰는 스콧의 인간미에 또 한 번 감탄하였습니다. 마지막으로 죽음의 문턱에서 죽음을 초연하게 받아들이는 모습은 진정한 리더상이 아닐까 하는 생각이 들게 했습니다.

평소 책임감은 강하지만 우유부단한 성격이 걸림돌이 되어 일을 그르치는 경우가 많은 저는 이 책을 통해 리더로서 갖추어야 할 덕목들이 책임감뿐만 아니라 정확한 판단력과 추진력이 필요하다는 것을 배울 수 있었습니다. 그리고 그런 결단력과 추진력은 무엇보다도 자신에 대한 믿음에서 나온다는 것을 알 수 있었습니다. 또한 폭넓은 지식을 쌓고 사회 전반에 걸친 관심을 가지는 한편, 다양한 경험이 수반될 때, 우리 사회를 이끌어갈 리더로 성장할 수 있음을 깨달았습니다.

- 로버트 팔콘 스콧, 『남극일기』

자. 학생의 진로와 연관이 있는 책을 꾸준히 읽었다는 것을 보여줘야 한다

추천도서나 베스트셀러만을 선택하지 말고 자신이 관심 있는 분야의 책을 선정하여 그 책을 선택한 이유, 독서 후 변화 등을 적는 것이 효과적이다. 입학사정관은 학생이 얼마나 많이 읽었는지보다는 어떻게 읽었는지를 기준으로 평가한다.

> 물리 2를 공부하면서 상상하곤 했던 빛의 속도가 매우 느리고 양자 상수가 매우 큰 세상을 그려내는 이 책을 읽으며 일반 소설책의 통속적인 즐거움이 아닌 진정한 책 읽는 즐거움을 느낄 수 있었습니다. 상대성 이론 같은 전문적인 내용을 풀어쓴다고 특수상대성 이론에 정면으로 반박되는 오류를 범하기도 했지만 미시 세계의 규칙이 일상생활에서 적용되는 모습은 아주 흥미로웠고 특히 추상적이던 상대성 이론의 개념들을 좀 더 구체화할 수 있었습니다. "대형성단이든, 박테리아든, 소립자든, 주변의 모든 것들을 이해하려는 인간 정신이 바로 과학"이라는 부분을 읽으며 화학, 생물, 물리, 지구과학 이 모든 것들은 다른 분야가 아닌 결국 이 세상의 진리탐구를 하며 발견하는 즐거움을 느낄 수 있는 하나의 학문이 아닐까 하는 생각을 하기도 하였습니다. 실생활에서 활용되는 것들만 중요하다고 생각하던 제 자신이 부끄러워졌고 과학을 공부하는 태도가 달라져 공식보단 개념 자체에서 진실을 배우는 즐거움을 느낄 수 있게 되었습니다.
>
> -조지 가모브, 『물리열차를 타다』

위에서 언급한 사항들을 모두 기록하려고 해서는 안 된다. 대학이 요구하는 자기소개서 항목에는 주어진 분량이 제한되어 있기 때문이다. 그러므로 정해진 분량 내에서 그 책의 특성에 맞게, 또는 지원자의 개성이 가장 효과적으로 드러날 수 있도록 자유롭게 기록하는 것이 훨씬 효과적이라 할 수 있다.

자기소개서 작성과 지도방법

지나치게 주관적인 자화자찬은 금물이다.

사실 나열만으로 논술하는 것을 가급적 피해야 한다.

추상적 진술은 상대방으로 하여금 오해나 상상의 여지를 남기기 때문에 정확하고 객관적으로 서술하는 것이 좋다.

무엇이든 할 수 있다는 표현은 자신감이기보다는 상황 판단이 부족한 것이다.

자기소개서 작성과 지도방법

1 자기소개서 작성

　표현하기에서 가장 절실하고 감동을 주는 것은 당연히 자신에 관한 체험의 글쓰기이다. 자신의 표현에 따른 글쓰기는 다분히 감정에 치우쳐 객관적 사실보다는 주관적 경험과 이해를 바탕으로 하게 된다. 그러나 자신의 경험을 객관화시킬 수 있고, 정형화시킬 수 있는 것은 비로 <자기소개서>이다. 이런 <자기소개서>는 자신을 가장 잘 표현한다고 할 수 있다. 따라서 본장에서는 <자기소개서>를 중심으로 표현의 방법에 관해서 실제와 분석을 검토하겠다. 물론 문학 장르를 제외하고는 표현이라는 용어 쓰기가 다소 어색할 수도 있지만 여기서는 표현이라는 용어를 사용하겠다.[9]

---

9) 박종석, 「1. 자기소개서와 추천서」, 『정산으로 통하는 논술』, 글누림, 2007, 155~179쪽에서 옮김.

1. KAIST 지원동기와 향후 학업 및 진로계획에 대하여 기술하십시오
   (1,000자 이내, 띄어쓰기 포함).

어릴 때부터 수학과 과학에 관심이 매우 많았으며, 미래에도 그와 관련된 일을 하고 싶다는 꿈을 가지고 있다. Michio Kaku의 『Physics of the Impossible』을 읽으면서 보다 신중하게 앞으로 공부할 분야에 대해 생각하게 되었다. 나는 이 책을 통해서 현재는 불가능하지만 미래에는 가능해질 미래 과학의 가능성에 대한 확신과 그 분야에 대해 연구를 해 보고자하는 열망을 확인할 수 있었다. 특히 미시적 세계인 양자, 나노 기술에 대한 관심이 커졌다. 나는 우리 상식에서 벗어나는 현상들이 벌어지는 세계를 이해하는 것이 앞으로 과학 분야의 화두가 될 것이라 생각한다. 그리고 뉴턴 시대에 상대성 이론을 상상할 수 없었던 것처럼 우리가 살아가는 현실과 다가올 미래는 큰 차이가 있을 것이라는 확고한 믿음을 지니고 있다. 나는 그 변화의 과정에 힘을 보태고 싶다는 욕심이 생겼다. 이미 신소재, 에너지 분야 등에 많이 이용이 되고 있을 정도로 나노 이하의 세계에 관심이 집중된 지는 꽤 많은 시간이 지났다. 하지만 다른 분야에 비해 여전히 개척해야할 분야가 많다는 점은 나에게 크게 매력적이다. 그 이유는 불확실성도 크지만 달리 보면 무한한 가능성이 존재하는 분야라고 생각되기 때문이다.
대학에 진학을 하면 먼저 미시 세계에서 일어나는 현상들과 그 성질들을 공부한 후(우리가 자각하는 세계와 너무도 다르기 때문에 이해하는 것이 불가능하다는 이야기도 있지만), 더 깊이 있는 연구를 통해 내가 공부하고 연구한 것들을 실생활에서 유용하게 사용되는 성과물을 만들어내는 데 사용하고 싶다.
나의 이러한 목표를 이루기 위해서 과학과 관련된 최신 정보들을 접할 수 있고 우수한 학생들이 많아서 함께 공부하고 아이디어를 공유할 수 있는, 그 분야에서 최고의 대학에 가는 것이 옳다는 판단을 내렸기 때문에 KAIST에 지원하기로 결심했다. 나에게 KAIST에서 공부할 수 있는 기회가 주어진다면 나의 재능과 베푸는 마음으로 우리나라의 과학 발전을 위해 노력하고 싶다.

카이스트의 첫 번째 항목은 대교협에서 제시한 항목의 두 번째와 세 번째를 합쳐 놓은 것이다. 두 항목을 합해서 1,000자 정도 쓰라고

했으니 결국은 같은 것이다. 두 항목을 500여 자 정도 써서 합치면 된다. 그렇지만 한 항목에 같이 있으니 일관성에 조금 더 신경을 써야 한다. 위 학생의 것을 분석해 보면 다음과 같다.

○ 지원동기
- 어릴 때부터 관심이 많았음.
- 미치오 가쿠의 책을 읽고 양자 나노 분야에 관심을 가짐.
- 미래의 변화에 힘을 보태고 싶음.

○ 학업계획
- 미시 세계에서 일어나는 일에 대해 배움.

○ 향후 진로계획
- 실생활에 유용한 물건을 만들고 싶음.
- 카이스트 지원동기
- 우리나라 과학 발전을 위해 노력

이 학생의 자기소개서는 자연스럽게 읽힌다. 그런데 꼼꼼하게 읽어 보면 부족한 점이 보인다. 첫째, 이 학생은 쓰기 전에 개요를 꼼꼼하게 조성하지 않은 것 같다. 왜냐하면 지원동기 항목에 들어 있어야 할 것이 향후 진로계획과 섞여 있기 때문이다. 향후 진로계획에 보면 카이스트에 지원한 동기가 들어 있는데 이것은 사실 첫 번째 항목인 지원동기에 들어가야 할 내용이다. 그리고 학업계획이 전체 분량에 비해 너무 간략하게 기술되어 있다. 물론 카이스트가 학과 구분 없이 선발하여 2학년 가을 학기에야 학과를 선택하도록 하지만 그렇다고 해도 너무 적다. 미치오 가쿠의 책을 읽었을 정도이면 양자와 나노 분야에 대해 나름대로 알고 있다고 볼 수 있다. 그럼 자신이 이미 알고 있는 것을 바탕으로 조금 더 자세하고 구체적으로 쓸 필요가 있다.

둘째, 학업계획과 향후 진로계획이 추상적이다. 예를 들어 보면 학업계획은 '미시 세계에서 일어나는 현상들과 그 성질들을 공부한 후', 이 부분뿐이다. 그리고 진로계획도 '실생활에서 유용하게 사용되는 성과물을 만들어내는 데 사용하고 싶다'와 '기회가 주어진다면 나의 재능과 베푸는 마음으로 우리나라의 과학 발전을 위해 노력하고 싶다'는 것인데 이 정도 말은 어느 대학, 어느 학과이든지 쓸 수 있는 말이다. 카이스트와 맞도록 좀 더 구체적으로 쓰는 것이 필요하다.

셋째, 필요 없는 내용이 들어 있어 어떻게 보면 번잡하게 보인다. 예를 들면 세 번째 문단의 괄호 속에 들어 있는 '우리가 자각하는 세계와 너무도 다르기 때문에 이해하는 것이 불가능하다는 이야기도 있지만'과 같은 부분이다. 이 부분은 학생이 양자나 나노 분야에 대해서 나름대로 이해하고 있고, 또 하고 싶은 말이 얼마나 많은지를 알려 준다. 그러나 과연 이 부분이 필요한가를 생각해 보자. 이 부분을 입학사정관이나 면접관에게 질문 받았을 경우 무엇이라 대답해야 하는가? 학생 나름대로 대답을 할 수는 있을 것이지만 질문자가 카이스트 교수이거나 입학사정관이라면 보통의 대답으로 만족할 수 있을까? 오히려 문제를 일으키는 부분이 아닌가 한다. 그리고 빼도 그렇게 문제가 없는 부분이라면 삭제하는 것이 좋겠다.

넷째, 낱말의 적절한 사용과 맞춤법 등을 제대로 확인하지 않은 부분이 있다. 예를 들면 셋째에서 말한 부분 중 '우리가 자각하는'에서 '자각'이라는 단어는 적절하지 않다. 자각이 아니라 '지각'으로 바꿔야 할 단어이다. 그리고 마지막 부분에서 '나의 재능과 베푸는 마음으로 우리나라의 과학 발전을 위해 노력하고 싶다'는 부분은 문장도 정확하지 않고, 적절하지 않은 부분이 들어 있다. 잘못하면 '나의 재능을 (남에게) 베푸는 마음으로' 우리나라 과학 발전을 위해 노력한다고 읽을 수 있는데 학생이 이런 마음으로 쓰지는 않았을 것이다. 정말 이런 마음으로 썼다면 너무 오만하다고 할 수밖에 없다. 이 부분은 차라리 재능이 아니라 자신의 열정을 강조하는 것이 더 좋지 않나 한다.

2. 성장과정이나 일상생활에 근거하여 자신의 성격, 가치관, 태도 등이 잘 설명될 수 있도록 기술하십시오(800자 이내, 띄어쓰기 포함).

저는 부모님으로부터 자신에게 주어진 일을 책임감 있게 해결하도록 교육을 받았습니다. 두 분이 모두 직장일로 바쁘셨기 때문에 숙제나 공부는 혼자서 하는 일이 많았다. 이 과정에서 자연스럽게 문제해결 능력이 길러진 듯하다.

중학교 때, 아버지의 회사일로 미국에서 공부할 수 있는 기회가 생겼다. 한국에서 중학교 2학년 1학기까지의 과정을 마치고, 미국으로 가서 고등학교 2학년 1학기까지 공부했다. 한국에서의 학년보다 높은 학년으로 시작했기 때문에 처음에는 어려움이 많았다. 하지만 어릴 때부터 길러진 문제해결능력 덕분에 쉽게 적응할 수 있었고 수업을 비롯한 여러 학교 활동에서 좋은 결과를 얻을 수 있었다. 나의 공부 방식이 다른 친구들과 다른 점이 있다면 사교육에 의존하지 않았다는 점을 들 수 있다. 사교육을 받지 못할 만큼 형편이 어렵거나 부모님이 사교육을 반대하신 것도 아니지만 학원에 다니는 상당수의 학생들을 보면서 그러한 교육이 나에게는 필요가 없다고 판단했다. 나는 최대한 객관적인 정보와 나름의 분석을 토대로 어떤 선택을 하려고 노력한다.

내가 생각하는 나의 최고 장점은 해야 한다고 생각하는 일은 책임감 있게 수행하려고 한다는 점이다. UNIST에서 수료한 일반화학 강의와 겨울방학 때 혼자 공부한 물리 2에서 좋은 성적을 얻을 수 있었는데, 이는 꾸준한 노력 덕분이다. 미국에서는 밴드부에서 플루트를 맡았는데 여러 달 동안의 집중적인 연습으로 몇 년 동안 불어온 학생과 비슷한 수준에 이르렀다는 평을 받은 적도 있다. 이러한 경험들은 어떤 일을 하겠다고 마음먹으면 최상의 결과를 얻어내려는 꾸준한 노력의 결과이다.

카이스트에서 요구한 것은 성장과정이나 일상생활에 근거하여 자신의 성격, 가치관, 태도를 쓰라는 것이다. 이는 대교협 공통 문항 중 1번 항목에 해당하는 것이라 할 수 있다. 학생이 쓴 것을 분석해 보면 다음과 같다.

- ○ 문제해결 능력
  - 부모님의 교육환경으로 인한 것
  - 미국에서 공부한 것

- ○ 사교육 없이 공부한 점

- ○ 책임감
  - 유니스트 일반화학 강의
  - 겨울방학에 물리 2를 혼자 공부한 것
  - 미국 밴드부에서 플루트를 연주한 경험

이 부분을 꼼꼼히 뜯어보면 조금 다르게 구성했으면 좋았을 것이라는 생각을 하게 된다. 전체 구성과 자신의 태도 항목을 약간 조정하는 것이 더 좋았을 것이다. 학생이 스스로 설정한 항목은 문제해결 능력과 사교육 없이 공부한 점 그리고 책임감이다. 그런데 읽어 보면 전체적으로 책임감이라는 것이 항목마다 붙어 있는 것을 알 수 있다. 사교육 없이 공부했다는 문단의 마지막에서 언급하고 있는 것이 노력이고, 책임감을 제시한 문단의 마지막에서도 역시 노력을 언급하고 있다. 그렇다면 전체적으로 항목을 조절하는 것이 좋지 않겠나 한다.

구체적으로는 자기 주도적 학습 능력과 문제해결 능력, 그리고 노력, 책임감의 세 항목으로 구성하는 것이 더 좋은 것으로 보인다. 부모님의 교육환경과 미국 생활로 자기 주도적 학습 능력과 문제해결 능력이 생겼고 결과적으로 사교육에 의존하지 않았다는 것이 논리적으로 조금 더 나아 보인다. 그리고 책임감 항목에 들어 있는 UNIST 일반 호학 강의 수강과 겨울방학의 물리 2 공부 역시 자기 주도 학습 항목으로 옮기는 것이 좋겠다.

그리고 노력 부분은 학생이 세 번째 문단에서 제시한 미국 생활의 밴드부 내용을 가지고 오는 것이 좋겠다. 세 번째 문단의 첫 문장에서 '내가 생각하는 나의 최고 장점은 해야 한다고 생각하는 일은 책임감 있게 수행하려고 한다는 점'이라고 하였다. 그런데 그다음 문장의 내용은 책임감과 관련된 내용이 아니라 문장 마지막에 쓴 것처럼 '노력'한 결과이다. 이 문단 마지막에서도 역시 '꾸준한 노력의 결과'라고 했으니 첫 문장이 제시한 책임감 부분은 사실 어디에도 없다고 하겠다. 그러므로 이 부분은 노력 항목의 세부사항으로 하는 것이 좋겠다. 물론 미국 밴드부의 생활이 책임감과 연결될 수 있을 것 같기는 하다. 자신이 맡은 플루트 연주를 위해 노력했다는 내용이라면 책임감과 연결될 수 있을 것인데 현재 기술 내용으로는 그 부분이 부족하다.

책임감 항목은 노력 항목을 따로 하나 세워서 그에 따른 세부 내용을 몇 가지 더 추가하는 것이 좋았을 것이다. 첫 번째 문단의 '책임감 있게 스스로'라는 부분과 세 번째 항목을 책임감으로 설정한 것을 보면 학생이 책임감을 상당히 중요하게 생각하는 것을 알 수 있다. 그렇다면 거기에 맞도록 세부 내용을 선정했어야 한다. 전체 내용이 800자 이내로 한정되어 있기 때문에 다른 부분을 줄여야 하는데 사교육 부분은 자기 주도적 학습에서 한 문장으로 언급하고 책임감 항목을 따로 세우는 것이 훨씬 좋았을 것이다.

3. 과학기술분야에 대한 본인의 자질이나 열정 및 창의적 도전정신 등 과학자로서의 발전가능성에 대하여 기술하십시오(800자 이내, 띄어쓰기 포함).

누구나 자신의 능력에 대해 의문을 품는다. 특히 과학기술 분야에서는 열정만이 아니라 타고난 능력과 창의력 또한 중요하다는 것을 알기에 나조차도 '내가 정말 잘해낼 수 있을까?'라는 생각을 종종 한다. 이러한 걱정은 '자질'을 정확한 수치로 측정할 방법이 없다는 점도 한몫한다. 보통 성적으로 능력을 판단하지만, 고등학교 과정의 과학 과목은 기초적인 사고력과 암기력만 있어도 어느 정도 점수를 얻을 수 있다. 이는 다른 학생들도 마찬가지일 것이다. 나는 나의 가능성에 대한 판단을 위해 몇 가지 경험을 이야기해 보겠다.

어렸을 때부터 지금까지 여러 차례의 토론 경험에서 나는 과학 분야에 필수적인 비판적 사고 능력과 창의력, 통찰력 등을 어느 정도 갖추었다는 확신을 하게 되었다. 토론에서 논리적 오류를 찾아내고 창의적인 해결책을 제시하며 문제 상황에 적극적으로 대응하는 과정을 즐긴다는 것이 스스로 느껴지기 때문이다. 또한 고등학교 1학년 겨울방학 때 화학 1, 2를 배우지 않은 채로 UNIST에서 일반화학을 공부할 때 처음에는 고전했지만 이해가 안 되는 부분은 관련된 책과 인터넷을 통해 의문점을 해결하여 1등으로 수료하기도 했다. 지금은 혼자서 물리 2를 공부하는데 모의고사에서 얻은 결과는 나에게 큰 자신감을 주었다.

물론 나의 자질에 대해서는 추측할 뿐이다. 하지만 열정만큼은 누구에게도 뒤지지 않는다고 생각한다. 어떤 현상에 대해 의문이나 관심이 생겼을 때, 시간이 얼마가 걸리더라도 관련 자료를 찾아 이해하려고 노력하며, 수학과 과학을 공부할 때는 많은 시간이 걸리 더라도 원리를 이해하고 탐구하려는 노력을 기울인다.

카이스트에서 이 항목에서 기술하는 것은 두 가지이다. 첫째는 본인의 자질, 두 번째는 과학기술 분야에 대한 열정과 도전정신이다. 학생이 쓴 것을 읽어 보면 글을 잘 쓰는 학생이라는 것을 알 수 있지만 과연 써 놓은 것이 항목에 맞는 부분인가 하는 것은 약간 의문이 든다. 학생이 쓴 글은 다음과 같다.

○ 자질과 능력을 계량화하기 어려움

○ 본인의 자질
- 토론에서 비판적 사고력, 창의력, 통찰력을 느낌
- 유니스트 강의 수료와 물리 2 공부

○ 본인의 열정과 노력

이 항목에서 가장 큰 문제는 추상적 내용이 너무나 많다는 것이다. 학생이 쓴 글은 모두 세 문단인데 첫 문단은 자질과 능력에 대한 일반적 내용이며 수천 자 이상에서 필요한 서론에 가깝다. 그리고 세 번째 내용은 열정과 노력을 말하고 있지만 구체적 내용의 뒷받침이 없는 누구나 말할 수 있는 추상적 내용이다. 그래서 쓴 글의 절반 이상이 일반적이고 추상적 내용으로 채워져 있어 자신의 우수한 자질과 열정, 과학 기술 분야에서의 발전 가능성을 드러내지 못한 점이 아쉽다.

그리고 구체적 내용이 들어 있는 두 번째 문단의 앞부분인 토론에서 자신의 자질을 느꼈다는 것 역시 어떤 토론인지 없는 일반적 내용이다. 그러니 실질 부분은 유니스트에서 일반 화학을 수료한 것과 물리 2를 혼자서 공부해서 모의고사에서 좋은 점수를 얻었다는 내용 정도가 자신의 자질을 드러낼 수 있는 내용이다. 그런데 이 내용도 사실은 앞의 항목에서 이미 한 번 쓴 것이라서 신선한 감이 떨어진다. 그래서 전체적으로 이 항목은 다른 항목에 비해 무게감이 떨어져 보인다.

이 항목을 고치기 위해서 어떻게 해야 할 것인가? 학생이 스스로 과학 기술 분야에서 필요하다고 한 비판적 사고력, 창의력, 통찰력을 구체적으로 어떻게 발휘했는지 써야 한다. 토론이라면 어디서 무엇을 주제로 한 토론인지 자세하게 써야 한다. 그 토론에서 어떻게 자신의 자질을 드러냈는지 구체적으로 썼다면 훨씬 더 좋았을 것이다.

그리고 카이스트에서 요구한 열정이나 창의적 도전정신 항목을 구체적으로 썼어야 한다. 유니스트에서 일반 화학을 수료한 것이 자신의 주요한 경력이고 또 그것밖에 없다면 앞의 항목에서 쓴 것보다 더 자세하게 썼어야 한다. 일반 화학 강의를 수강하면서 이론만 하지는 않았을 것이다. 여러 가지 실험이나 과제가 있었을 터인데 화학을 배우지 않고 자신이 어떻게 그 과제들을 해결했는지 구체적으로 설명했다면 좀 더 좋은 인상을 남길 수 있었을 것으로 보인다.

4. 학창시절 경험한 좌절과 그것을 극복하기 위한 노력, 혹은 지금까지 가장 의미 있었던 경험에 대하여 기술하십시오 (800자 이내, 띄어 쓰기 포함).

미국에서 내가 공부하던 Loveless Academic Magnet Program School 은 미국 공립학교 순위 100위 내에 드는 학교로 지금은 20위 (Newsweek, 2009. 12.)에 올라 있다. 그곳에 11학년 영어 과목을 수업하시는 Mrs. Frucci라는 악명 높은 선생님이 계셨다. 첫 작문 시험부터 절반 이상의 학생들에게 F를 줬던 그 선생님의 수업은 내가 가장 따라가기 힘든 수업이었다. 학점을 따기 위해 보고서 (research paper) 및 작문 과제를 써야 할 때마다 밤을 새워야 했고, 한 달의 기간이 주어졌던 학기말 보고서 작성을 위해서는 한 달 내내 대학교 도서관과 인터넷에서 끊임없이 자료를 찾고 검토해야만 했다. 물론 나의 태생적 한계 때문에 부단한 노력에도 불구하고 반에서 겨우 중간 정도에 머물렀지만, 그때의 경험은 지금 나에게 큰 도움이 된다. 당시에는 모국어인 한국어로도 글쓰기가 힘들었지만 지금은 어느 정도 글을 쓰는 것에 익숙해졌다. 또한 과학 관련 정보를 영어로 접할 수 있다는 점도 나에게 꽤 유용하다(네이버와 구글의 검색력과 질 차이는 영어로 검색할 때 확연히 알 수 있다). 이 경험은 앞으로 내가 공부하는 데 있어 큰 힘이 될 것이다.
영어를 모국어로 배우지 않은 상태에서 현지 학생들과 겨루어 좋은 점수를 얻기 위해서는 엄청난 노력이 필요했다. 그리고 아무리 노력을 해도 한계가 존재한다는 현실에 좌절도 했었다. 하지만 지금 생각하면 그 경험은 결과를 얻어 내는 과정에서 자신이 보인 열정과 노력이 그만큼의 가치가 있다는 것을 가르쳐 주었다.
카이스트가 요구하는 네 번째 항목은 대교협에서 제시한 공통 문항의 네 번째와 거의 유사하다. 이 항목에서 요구하는 것은 어려움과 그 극복 과정이나 자신에게 의미 있는 경험이다. 그런데 대교협과 카이스트가 이 항목을 요구한 이유를 생각해 보자. 왜 이 항목을 요구할까 하고 말이다. 어려움이나 좌절은 외부에서 오는 경우가 많다. 그리고 대부분 사람이 겪는다. 그런데 중요한 것은 그 어려움을 극복한 과정이며, 특히 그 과정에서 학생이 얼마나 어떻게 성장했는지를 살펴보고자 하는 것이다. 그리고 어려움에 맞닥뜨렸을 때의 긍정적이고 진취적인 자세를 보고자 하는 것이다. 이에 맞춰 기술해줘야 한다. 학생이 쓴 글을 분석해 보면 다음과 같다.

> ○ 미국에서 영어 작문 시간에 겪은 어려움
> - 악명 높은 선생님
> - 작문 과제와 보고서 작성
> - 글쓰기에 익숙해짐
> - 영어 정보를 쉽게 접할 수 있음
> - 노력과 열정의 가치

학생이 쓴 글은 전체 두 문단으로 이루어져 있는데 사실 두 번째 문단은 없어도 되는 내용이다. 앞 문단의 내용을 다시 한 번 정리하고 있는데 이 내용이 필요한가 싶다. 사실 다른 내용을 생각하지 못해 내용을 채우기 위해 더 쓴 듯한 인상을 받는다. 전체 소개서를 읽어 보면 상당히 우수한 학생이라는 것을 알 수 있는데 학생의 여러 가지 우수한 면을 다 보여주지 못한 소개서라는 느낌이 들어서 아쉬움이 남는다.

그리고 어려움을 극복한 과정이 세밀하게 나와 있지 않다. 한 달이나 대학 도서관과 인터넷에서 자료를 찾고 검토했다면 소개서를 쓸 때도 기억이 선명하게 남았을 텐데 그 보고서의 주제와 과정을 자세하게 썼으면 훨씬 더 좋았을 것이다. 남의 글을 읽을 때 기억에 남는 것은 교훈이 아니라 세부 내용이다. 그러므로 어떤 항목이든지 구체적인 것을 써야 한다.

그리고 작문 수업을 통해서 학생이 얻은 것은 두 가지이다. 글쓰기 실력이 늘었다는 것과 영어 자료를 접할 수 있다는 것이다. 그런데 이것은 현실에 드러난 결과물이고 그 결과물의 의미가 정확하지 않다. 학생 스스로 두 번째 문단에서 '자신의 열정과 노력'이 가치 있는 것이라는 것을 말하고 있지만 첫 문단의 내용과 동떨어져 있어서 그

의미가 약간은 반감되어 있다. 그러므로 두 번째 문단의 내용을 얻은 결과에 같이 쓰는 것은 어떤지 생각해 보아야 한다.

그리고 마지막으로 뜬금없는 내용이 포함되어 있다. 첫 문단의 마지막 부분에 들어 있는 '네이버와 구글의 검색력과 질 차이는 영어로 검색할 때 확연히 알 수 있다'는 내용이 왜 들어 있는지 잘 모르겠다. 물론 학생이 작문 보고서를 쓰는 과정에서 알게 된 사실의 하나를 남들에게 알려주고 싶은 것이겠지만 이 항목에서 필요한가를 따져 보면 스스로도 금방 알 수 있을 것인데 말이다.

이 학생의 소개서를 읽어 보면 글을 제법 쓰고, 상당히 자신감에 차 있다는 것을 알 수 있다. 그런데 그것이 어떤 때는 좀 과하게 읽혀서 거북스러운 부분도 있다. 예를 들면 3번 항목에서 '나조차도'라고 쓴 것이 있는데 이 부분을 읽어 보면 자신감이 지나치다는 생각이 든다. 자신감은 좋은 것이지만 이것이 과하면 좋은 인상을 심어줄 수 없다. 그러므로 전체적으로 겸손하게 표현하되 자신의 열정과 패기를 보여줄 수 있으면 좋겠다.

그리고 항목을 쓰기 전에 반드시 개요를 작성하고 항목이 요구하는 사항을 써야 한다. 그래야 자신의 여러 가지 장점과 우수한 점을 입학사정관들과 면접관들에게 다채롭게 보여줄 수 있다.

② 자기소개서 고쳐쓰기

가. 자기소개서(1)

○ 본인의 장·단점, 지원동기, 리더십, 창의적인 정신, 국제적 감각에 대한 자기 평가, 장래 희망 등을 A4지 2매 이내로 자유롭게 기술하십시오.

〈지원동기〉

저는 어려서부터 과학에 관심이 많았습니다. **여기엔 세 가지 정도의 요인이 있었습니다.** 우선 집에 백과사전이 있었는데 그중 유독 과학기술 편을 즐겨 봤습니다. 물론 당시로서는 용어나 원리 같은 것을 이해할 수는 없었지만 어떠한 종류의 기계가 있는지 알게 되었고, 지구 생성이나 환경 같은 간단한 사항에 대해 알 수 있었습니다. 그리고 당시 TV에서 내셔널지오그래픽을 방영해 주던 때가 있었습니다. 지구의 역사라든지 우주 탐사 또는 별에 관해서 여러 가지 주제로 만들어진 다큐멘터리를 봤던 기억으로 저는 지금도 과학다큐멘터리를 즐겨 보고 있습니다. 그러다가 **친구의 소개로 과학상자를 알게 된 후로는 직접 간단한 기계를 조립해 보면서 지냈습니다. 나름대로 실력을 쌓아 초등학교 때는 학교 대표로 대회에 나가기도 했습니다.** 그 후로 과학 분야 중 특히 기계 분야에 흥미를 가지기 시작했습니다. 고등학교에 진학할 때쯤 포스텍에 대해 처음 들었습니다. 무엇보다 제가 입학하기 전에 졸업한 선배들이 4명씩이나 포스텍에 진학했다는 말을 듣고는 더욱 관심을 가졌습니다. 그때부터 소식지 Postechian(당시 포항공대 소식)을 받아 보고, 2학년 여름 때는 캠프에도 참가하면서 연구 중심 대학이라는 것에 매료되어 진학을 희망하게 되었습니다. 그리고 이제 그 꿈을 향해 한 걸음 더 나가기 위해 **이렇게 포스텍에 지원**하였습니다.

〈장·단점−창의적인 정신〉

최근 우리나라의 **핸드폰 제조 기술**이 발달함에 따라 그에 따른 수익도 많이 증가했지만 그만큼 기술 로열티로 나가는 돈도 증가했다는 얘기를 들었습니다. 핸드폰뿐 아니라 IT같은 우리의 주력 업종에서도 이런 현상이 일어나고 있다고 들었습니다. 전 앞으로 우리나라가 우리의 기초 기술로 제품을 만들어 판매하고 오히려 외국에서 우리의 기술을 가져가 로열티로 돈을 벌어들이는 날을 꿈꾸고 있습니다. 그러기 위해 공학 중에서도 기초분야격인 기계공학을 전공하고자 하는 것입니다. 제가 연구한 작은 기술이 훌륭한 제품을 만들어 내어 사람들의 생활을 편하게 할 수 있다면 그만한 기쁨은 없을 것입니다.

〈장래 희망〉
그런 날이 오도록 하기 위해서 우선 진학 후 기초 학문부터 차근차근 터득해 나갈 계획입니다. 그리고 무엇보다도 현재 제게 부족한 국제적 감각을 키우기 위해 대학 동안 방학을 이용해 세계 여러 곳을 다녀와 볼 생각입니다. 그렇게 해서 **세계 여러 곳의 사람들과 만나면서 그들을 이해하고 배우면서 앞으로 국제화 시대에 살아갈 준비를 할 것입니다.**
인생을 살아가는 데에는 두 가지 방법이 있다고 생각합니다. 그냥 흘러가는 데에 맞추어서 살아가는 것과 자신의 확고한 신념과 의지를 가지고 살아가는 방법. 저는 후자를 선택할 것입니다. 어릴 적의 작은 관심에서 시작된 꿈을 이루기 위해 저는 언제라도 앞으로 나아갈 것입니다.

- 실제 쓰기의 문제점

우선 위 글이 요구하는 것은 '본인의 장·단점, 지원동기, 리더십, 창의적인 정신, 국제적 감각에 대한 자기 평가, 장래 희망' 등이다. 물론 될 수 있는 대로 요구 조건을 충족하는 것이 좋다.

글은 반드시 읽는 이에게 논리적인 설득을 가져야 한다. 위 글은 이러한 요소를 두루 갖추었다고 볼 수 있다. 다만 구체성, 객관성, 진실성(사실성), 술어 선택의 문제 등은 어떤 글이든지 빠뜨리기 쉬운 요소들이다. 그래서 위 글은 몇 가지 부족한 점이 있다. 위 글을 통해 빠뜨리기 쉬운 요소들을 찾아보겠다.

첫째는 문장 구조의 문제점을 지적할 수 있다. 가령 **"여기엔 세 가**

<u>지 정도의 요인이 있었습니다</u>"라고 진술하고 있지만 뒤에 이어지는 문장은 요인에 해당되기보다는 한 가지 요인에 대한 서술 과정의 연속이라고 할 수 있다. 따라서 이 문장을 없애든지 아니면 세 가지 요인을 진술하는 것이 바르다

둘째는 추상적 표현이 군데군데 보인다는 점이다. 가령 "<u>**친구의 소개로 과학상자를 알게 된 후로는 직접 간단한 기계를 조립해 보면서 지냈습니다**</u>"라고 진술하고 있지만 **구체적으로(불필요한 문장)** 과학상자가 어떤 것인지를 좀 더 구체적으로 진술하면 과거 경험적 진술을 얻을 수 있다. 따라서 구체적 경험을 진술하는 동시에 자신이 전공하고자 하는 내용과 관련성을 찾아야 한다. 하나 더 예를 들면 "**세계 여러 곳의 사람들과 만나면서 그들을 이해하고 배우면서 앞으로 국제화 시대에 살아갈 준비를 할 것입니다**"라는 표현은 매우 추상적 진술이다. 왜냐하면 도대체 만나서 무엇을 하겠다는 것인지 알 수 없다.

셋째는 객관적 진술이 부족하다는 점이다. 가령 "<u>**나름대로 실력을 쌓아 초등학교 때는 학교 대표로 대회에 나가기도 했습니다**</u>"라고 진술하고 있지만 실제 학교 단위, 시 단위, 전국 규모에 따라 학생의 평가가 **달라지는 것은 당연하다**('달라 질 수 있다'로 고침). 따라서 이를 객관화할 수 있는 문장의 진술이 필요하다. 물론 실시 시기, 실시기관(장), 대회 규모 등이 표현되어야 한다.

또 전문적인 술어는 맞게 쓰는 것이 좋다. 가령 핸드폰의 경우이다. 공문서의 성격이 강하기 때문에 전문적인 술어를 선택해서 쓴 것이 좋다.

위 글을 읽어 보면 리더십과 국제적 감각에 대한 자기의 평가 부분이 빠져 있다. 요구 조건을 채워 주는 것이 바람직하다고 생각할 것이다. 이는 글쓴이의 역량이면서 동시에 실제의 바탕 위에 있어야 한다. 실제의 바탕이 안 되면 어쩔 수 없이 빠뜨리고 기술해야 한다.

나. 자기소개서(2)

○ 본인의 장 · 단점, 지원동기, 리더십, 창의적인 정신, 국제적 감각에 대한 자기 평가, 장래 희망 등을 A4지 2매 이내로 자유롭게 기술하십시오.

제가 공학계열의 학과에 지원하게 된 동기는 공학이라는 학문이 제가 살아가는 이유 중 하나가 된다고 생각해서입니다. 사람이 살아가는 이유는 천차만별입니다. 하지만 각자에게 주어진 능력이 다르며, 또 관심이 있는 분야가 다릅니다. 이러한 주어진 능력을 제대로 활용해야만 저의 진정한 삶의 의의를 알고, 목표를 향해 끝까지 나아갈 수 있을 것이고, 또 사회에 더 많은 이바지를 할 수 있을 것이라 생각합니다. 사람에게 주어지는 **여러 가지 능력 중 저에게 주어진 능력은 수학, 과학이라고 생각합니다.** 저는 어렸을 적부터 수학, 과학 분야에 관심이 많았고, 다른 분야보다 더 뛰어난 재능을 가지고 있다고 생각하면서 살아왔습니다. 그래서 수학, 과학을 할 때면 다른 분야들보다 더 집중이 잘 되었고, 질리지 않고 항상 재미있었습니다. 자신의 미래를 고려할 때 가장 중요한 조건은 그것에 대한 열정과 관심, 그리고 소질일 것입니다. 그래서 저의 열정이 향하는 방향, 관심, 소질을 고려해 본 결과 공학도가 가장 잘 맞았다고 생각합니다. 저는 그리고 특히 포스텍을 지원하는 가장 큰 이유는 제가 공부를 할 수 있는데 가장 최적의 조건을 가지고 있기 때문입니다. 가장 마음에 드는 점이 사제 간 연구 프로그램의 활성화입니다. 입시설명회 때 설명해 주시는 교수님께서 말씀하신 것이 포스텍에서는 학생들도 교수님의 연구에 참여를 많이 한다는 것이었습니다. 제 장래희망이 하고 싶은 연구를 평생하며 살아가는 연구원이기 때문에, 미리부터 연구 프로그램을 많이 접해 보는 것이 많은 도움이 될 것이라고 생각되었습니다. 그리고 포항공대의 가족 같은 분위기가 마음에 들었습니다. 저희 학교에 포스텍에 합격하신 **선배 분께서 말씀하시기를** "포스텍에서는 교수님과 학생이 모르는 일이 거의 없어. 일단 한 수업당 학생 수가 적고, 담임 교수님도 계셔서 진로 방향을 상담해 주시고, 성적 상담도 해주셔"라고 말하셨습니다. 저는 이 말을 듣고는 확신했습니다. 포스텍이라면 저의 꿈을 이루어 나가는 데 더 이득이 될지언정 손해 보는 일은 결코 없을 것이라고 말입니다.

저의 가장 큰 장점은 긍정적인 사고입니다. **저는 항상 모든 일을 긍정적으로 바라보려고 하고 자주 웃습니다.** 그 결과 주위에 친구들도 많은 편이고, 성격도 밝습니다. 저는 제 장점인 긍정적인 사고를 모든 분야에서 이용될 수 있다고 특히 무언가를 탐구하고 실험하는 데에 있어서 긍정적인 사고는 필수적인 요건 중의 하나라고 생각합니다. 에디슨이 전구를 발명할 때에도 긍정적인 사고는 필수 조건이었습니다. 그 많던 실패들을 하나하나의 성공의 단계로 생각하는 에디슨의 긍정적인 사고야말로 전구의 발명의 가장 근본적인 밑바탕이 되었다고 생각합니다.

그리고 저는 대학교 생활을 통해서 다양한 경험들을 쌓고 싶습니다. 물론 고등학교 때 경험을 쌓지 못하였다는 것은 아닙니다. 하지만 고등학교에서는 여러 가지 제약이 있어서 못해 본 일이 많이 있었기 때문입니다. 특히 동아리 활동에서인데, 고등학교에서는 축제를 위해서 하는 형식적인 동아리가 대부분이었습니다. 그리고 시간과 공간에 제약이 많아서 동아리 활동을 하기란 쉽지 않았습니다. 그래서 대학교에 들어가서는 동아리 활동을 제대로 해 보고 싶습니다. 저는 평소에 영화에 관심이 많이 있었습니다. 영화를 보는 것을 즐거워하고 또 평가하는 것도 좋아합니다. 그러나 여기에 만족하지 않고 독립영화도 만들어 보고 싶었습니다. 그래서 포스텍에 있는 "focuss" 동아리에 들어갈 것입니다. 비록 영화 감상 동아리로 되어 있지만, 마음이 맞는 사람이 생긴다면 같이 독립영화도 만들어서 독립영화제에도 나가 보고 싶습니다. 입학을 하게 되면, 저는 우선 전공과목에 주력을 둘 것입니다. 고등학교 때에는 좋아하는 과목을 하고 싶어도 시간과 깊이에 한계가 있었습니다. 하지만 대학에 들어가서는 전공과목을 깊고 자세히 공부할 수 있기 때문에 그 점을 활용하여 미처 펴지 못하였던 저의 공부 욕구를 만족시키고 싶습니다. 그리고 학점 관리를 잘해서 해외 어학연수도 자주 가보고 싶습니다. 졸업 후 저의 1순위 목표는 대학교 과정 중 저의 적성을 다시 한 번 고려하여 그에 맞는 대학원에 진학할 것입니다. 그곳에서 하고 싶은 연구를 계속 쓰고 싶습니다. 그리고 그에 따라서 박사 과정까지 밟아서 하고 싶은 연구를 평생 하며 살아가는 연구원이 되고 싶습니다. 물론 **도중에 예상하지 못한 일이 일어나겠지만** 저는 올바른 판단을 통하여 제 꿈을 위해 나아 갈 것입니다. 그래서 **국가와 사회에 꼭 필요한 공학인이 되도록 노력할 것입니다.**

- 실제 쓰기의 문제점

위 글은 부족한 점이 눈에 띈다.

첫째, 표현의 문제이다. 가령 **"여러 가지 능력 중 저에게 주어진 능력은 수학, 과학이라고 생각합니다"**라는 표현은 자신의 과신에서 오는 것이기 때문에 거부감이 들 수 있다. 그래서 이를 **"제가 관심을 가지고 있는 과목은 수학, 과학이라고 생각합니다"**라고 표현하는 것이 자연스러울 것이다. 또 **"선배 분께서 말씀하시기를"**도 이 글을 읽는 이를 고려해야 한다. 왜냐하면 이 글을 읽는 이가 대학 교수이고, 연장자이기 때문에 자신보다 높지만 더 존칭이 필요한 경우는 "선배님이 말하기를"로 하는 것이 적당하다. 한 가지 더 지적한다면, **"저는 항상 모든 일을 긍정적으로 바라보려고 하고 자주 웃습니다"**라는 글도 '저는 항상 긍정적으로 사고합니다'로 기술하는 것이 적당하다. 왜냐하면 '긍정적으로 생각하면 반드시 웃는 모습이어야 하는가?'라는 반문이 생긴다. 따라서 부연 설명을 하거나 앞에서 고친 글의 상태이면 적당할 것이다.

둘째, 과감한 생략이 필요하다. 첫 번째에서도 지적했지만 이 글은 생략이 필요한 글이다. 가령, **"도중에 예상하지 못한 일이 일어나겠지만"**이라는 표현은 전체 문장에 어울리지 않는다.

셋째, 불필요한 수식어가 남발하고 있음을 볼 수 있다. 가령 "그래서 수학, 과학을 할 때면 다른 분야들보다 더 집중이 잘 되었고, **질리지 않고** 항상 재미있었습니다"에서 '질리지 않고'를 생략하면 오히려 문장이 부드러워진다는 것을 알 수 있다.

넷째, 구체성이 부족하다. 가령, **"국가와 사회에 꼭 필요한 공학인이 되도록 노력할 것입니다"**라고 했는데, 앞의 글과 비교해 보면 무엇을 어떻게 공헌하겠다는 뜻인지 불분명하다. 따라서 좀 더 구체적인 전공 관련 공헌도를 언급할 필요가 있다.

❸ 자기소개서 작성 유의점

○ 지나치게 주관적인 자화자찬은 금물이다. 비록 그 분야에서 뛰어나다고 해도 자연스럽게 객관적 자료를 나열하고, 그 분야의 관심 정도를 표현하는 것이 좋다.

○ 사실 나열만으로 논술하는 것을 가급적 피해야 한다. 왜냐하면 자신의 주장이 설득력을 잃기 때문이다.

○ 추상적 진술은 상대방으로 하여금 오해나 상상의 여지를 남기기 때문에 정확하고 객관적으로 서술하는 것이 좋다.

○ 무엇이든 할 수 있다는 표현은 자신감이기보다는 상황 판단이 부족한 것이다. 따라서 무엇에 어떤 부분에 관심이 많다거나 경험이 있기 때문에 쉽게 적응할 수 있다고 표현하는 것이 좋다.

추천서 쓰기

지원자를 진심으로 추천하고 싶은 마음을 담아서 제시하여야 한다. 그리고 추천자는 지원자의 우수성을 잘 이해하고 있다는 사실을 제시하여야 한다. 또한 없는 사실을 쓰거나 과장되게 표현하는 것은 지원자의 잠재 능력을 의심받게 할 수 있다.

추천서 쓰기

추천서는 점수화된 결과만으로 확인할 수 없는 정보를 획득하고, 결과가 아닌 과정을 평가할 수 있는 자료이다. 대학에서 교사추천서를 원하는 이유는 가장 근접한 거리에서 오랜 시간 지원자의 고등학교 생활을 지켜본 사람, 즉 지원자를 가장 잘 알고 있다고 생각되는 추천인의 지원자에 대한 평가를 통해 학생부와 자기소개서에 나타나지 않은 지원자의 능력, 점수화된 결과만으로 확인할 수 없는 정보를 보다 세밀히 파악하기 위해서이다.

이를 통해 대학에서의 수학 능력과 발전가능성 등을 종합적으로 평가할 수 있으며, 지원자가 대학의 인재상에 적합한지를 판단할 수 있다. 그러므로 추천서에는 지원자가 출신 고등학교에 재학하고 있는 동안 학교가 제공한 교육프로그램이 무엇이었는지, 그리고 지원자는 그 프로그램에 어떻게 참여했고, 얼마나 성장했는지에 대한 내용을 포함하고 있어야 한다. 대학마다 추천서 양식이 조금씩 다르다. 그래서 추천서는 대학에 따라 요구하는 항목에 맞게 작성하여야 한다.

■1 추천서 작성

추천서 작성은 지원자 주변인들로 1, 2, 3학년 담임 및 교과 담당교사, 동아리 활동 지도교사, 학부모 및 형제, 자매, 친구, 종교 활동 관련자, 지역주민(아파트 관리소) 등의 의견을 수렴하여 작성하는데 보편적으로는 3학년 담임교사가 적절하다. 대학에서는 학생생활기록부 기록을 근거로 평가하지만 학생부에 없는 내용 중에 우수성이 있는 자료는 구체적으로 작성하여 제출하는 것이 좋다. 출결사항에서는 결석, 조퇴 등의 사유에 대한 내용, 봉사활동은 활동시간이 없다면 그 이유를 제시하고, 독서활동은 아주 우수할 때, 또는 저조할 때 사유를 제시하고, 교과 성적은 갑자기 성적이 하락 시 사유에 대한 내용을 제시하면 된다. 추천서는 직접적인 점수에는 반영되지 않으나 추가적인 학생의 우수성을 이해하는 데 도움을 주고자 하는 것이다. 따라서 학업관련 영역 및 인성 및 대인관계에 대한 종합적인 평가, 지원자에 대한 가정환경, 학교특성 및 교육환경, 학업 분야의 우수성에 대한 구체적인 설명을 통한 이해, 학교생활기록부 기록에는 없으나 지원계열에 대한 우수성을 우수성 자료를 통해 추가적으로 대학에 알리는 역할을 한다. 그리고 추천교사의 지원자에 대한 종합적인 추천 의견 제시는 "교사의 양심적인 의견"을 제시하고 지원 대학, 모집단위에 대한 관심도, 준비노력, 교사의 판단에 지원자에 대한 추천 정도를 표현하고 무조건 강력히 추천보다 구체적인 사실을 기준으로 추천하여야 한다. 추천 내용에 대한 비밀 유지를 하여야 한다.

❷ 추천서 작성 유의점

가. 지원자를 진심으로 추천하고 싶은 마음을 담아서 제시하여야 한다. 그리고 추천자는 지원자의 우수성을 잘 이해하고 있다는 사실을 제시하여야 한다.

나. 추천서를 작성하기 위해서는 필요한 자료를 준비하여야 하는데 그 자료들은 학교생활기록부: 영역별로 우수성에 관련된 기록 여부, 창의적 체험활동, 학생 개인 이력철, 경시대회 채점을 한 시험지나 실험 과제지, 주변 교사의 관찰 기록물 등이다.

다. 지원계열(학과)에 관련된 구체적인 우수성 및 기본 능력을 파악하고 있었어야 한다. 즉 지원계열에 대한 전문가가 되려는 열정이 어느 정도인지, 지원계열에 대한 기본 소양, 적성, 잠재 능력 등에 초점, 지원계열 관련 교과목 성적, 경시대회 실적, 구체적 특기, 잠재적 능력 등을 제시, 자기 주도 학습 능력의 수준의 파악, 독서의 양과 관심 분야에 대한 심층 독서 수준, 봉사 활동, 체험 활동에 대한 우수성을 파악, 수행평가 준비과정에서 구체적으로 우수한 내용에 관한 것들이다.

라. 특별히 성공적으로 이룬 업적, 우수성을 나타낼 '구체적인' 이야기, 학생 주변 인물로부터 '사건'에 대한 정보를 수집한다.

마. 학생과의 개인적인 이야기를 구체적으로 제시한다. 즉 학생과

의 수업시간에 있었던 이야기, 특별한 도전에서 오는 역경을 극복해 낸 이야기, 효행, 선행활동, 학급활동, 리더십, 책임감, 창의성, 교우관계, 사교 활동(종교 활동 등), 교내외 활동에서 창의성, 적극성, 책임감 등을 나타낸 사건들을 구체적으로 제시한다.

바. 추천서의 마무리를 성공을 예측하는 내용으로 최근에 지도한 학생 중에 수학교과에서 최고의 능력을 갖춘 자, '어마어마한 잠재력을 보유한 학생', '준비할 이상의 것이 준비된 학생' 등의 사항을 구체적으로 제시하는 것이 좋다.

사. 추천서에 대한 신뢰를 확보하기 위해서는 무조건 잘 써주려고 하지 마라. 없는 사실, 그리고 과장되게 표현함으로써 지원자의 잠재능력을 의심받게 될 수 있다. 대학마다 나름대로 지원자를 판단하는 기준이 있기 때문에 추천서의 신뢰성은 무엇보다 중요하다.

3 추천서 항목별 공통양식

가. 학습태도 및 수업참여도를 중심으로 작성한 사례

첫째 항목은 지원자의 고등학교 시절의 학업성취도, 학습태도 및 수업참여도, 분석 능력과 논리력에 대한 추천자의 평가를 요구하며 구체적인 사례를 요구하는 항목이다.

이 항목은 생활기록부의 내용을 요약하는 것이 아니라 실제 지원자의 학습태도를 가장 가까이에서 지켜본 추천자의 세밀한 관찰을 바탕으로 하고 있으므로 구체적인 사례를 중심으로 쓰는 것이 바람직하다. 합격생의 추천서를 중심으로 사례를 살펴보면 다음과 같다.

○ **지원자의 학업관련 영역에 대하여 평가하여 주십시오. (2011학년도)**

평가항목	평균이하	평균	우수함 (평균이상)	훌륭함 (상위10%이내)	특별함 (상위5%이내)	상위1% (상위1%이내)
학업성취도						
학습태도 및 수업참여도						
분석능력 및 논리력						
창의력						
자기표현력						

○ **사례 (1)**
고등학교 2학년 때 지원자와 함께한 여러 과학 활동을 통해 지원자의 다양한 모습을 관찰할 수 있었습니다. 중간고사 기간에 이루어진 과학전람회와 과학발명대회 준비과정을 지켜보면서 지원자의 시간을 안배해서 자기 주도적으로 학습하는 능력을 엿볼 수 있었습니다. 지원자는 몸이 약하고 성적에 대한 고민이 많아 시험기간 동안 신경을 쓰면 몸이 아파서 힘들어할 때가 많습니다. 그럼에도 불구하고 시험기간에 이루어지는 각종 연구 활동과 과학문화 활동 그리고 과학봉사 활동에 빠짐없이 참가하였습니다. 2학년 중간고사 때에는 시험 하루 전날 대전에서 열리는 동아리 경진 행사에 참여하기도 하였는데, 새벽부터 버스를 타고 가서 하루 종일 과학부스를 운영하고 저녁 늦은 시간에야 돌아오는 일정 때문에 희망자만 참여하도록 지도하였습니다. 물론 대회 형식으로 진행되므로 몇 명이 가서 상을 받아와도 동아리원 전체에게 혜택이 돌아가는 것

으로 누가 자발적으로 참여하는지를 가만히 지켜보았습니다. 다른 친구들은 다음 날이 시험이라 이런저런 핑계로 빠지려고 하였지만 지원자는 자발적으로 참여하는 모습을 보였습니다. 그만큼 평소에 자기 주도적으로 학습이 되어 있었다는 것으로 판단되는 모습입니다.

○ 사례 (2)
- 진지한 자세로 최선을 다하는 열정
지원자의 3년 동안의 수학 성적은 평균 1.8등급 정도이고 과학 성적은 평균 2.3등급 정도입니다. 하지만 그 성적만으로 지원자의 능력을 전부 설명할 수는 없습니다. 국어교사인 추천인이 보기에도 지원자는 수학과 과학 자체에 애착을 가지고 즐기고 있다는 느낌입니다. 지원자의 수학과 과학에 대한 학업능력이나 열정은 수상경력과 다양한 활동 참여를 보면 확인할 수 있습니다.
뿐만 아니라 지원자는 영어에도 관심과 재능이 있어 관련 교과 성적(평균 1.3등급)이 우수하며 '영어 심화교육'을 수료한 후 영어에 더욱 자신감을 보이고 있습니다.

- 남다른 통찰력과 배우는 자세
고3 때 지원자의 수학 과목을 지도한 선생님(○○○, ○○대학교 수학교육과 박사과정 수료)은 지원자의 능력에 대해 다음과 같이 평가합니다.

지원자의 수학 수업 시간 태도는 어느 누구보다도 진지하고 참여율이 높으며, 지원자의 풀이 중에는 다른 학생들에게도 알려줄 만큼 좋은 풀이 방법들이 비교적 많은 편입니다. 기하적 이해력이 탁월한 편으로 보통의 학생들이 대수적인 방법으로 푼 문제를 기하적 방법이나 벡터 문제로 아주 간단하게 풀어내는 것을 보며 감탄한 적이 많습니다. '롤의 정리'를 대우증명법으로 증명하는 방법, '메넬라우스의 정리'를 활용하여 벡터 문제를 풀이하는 방법을 발표해서 다른 학생들을 이해시키는 데 큰 도움이 되었던 적도 있습니다. 지원자의 수학 문제 풀이 방법은 다양하고 쉽기도 하고 또 친절하기까지 해서 다른 학생들에게 인기가 있습니다. 지원자는 다른 학생들의 질문을 귀찮아하지 않고 친구들의 눈높이에 맞춰서 설명하기를 즐깁니다. 특히 올해 교내 수학경시대회에서 기하적 상황을 대수적 식으로 변환하는 과정에서 좌표를 설정하는 방법이 참 좋았습니다. 경시대회의 문제 수준 자체가 고등학교 교육과정을 크게 벗어나지 않는 문제였지만 고등학교 교육과정 자체를 지원자는 충실히 이해하고 있었습니다. 지원자의 수학적 능력을 엿볼 수 있는 순간들을 매시간 경험하고 있습니다.

○ 사례 (3)
위의 학생은 평소 수업 및 자기 주도적 학습 과정에서 성실하고 묵묵하게 자신의 계획에 따라 학습을 합니다. 성격이 차분하고 꼼꼼하여 과제와 공부에 대한 계획과 준비가 철저합니다. 그렇기 때문에 수업과 연구 과정에서 다른 사람에 앞서 발표와 보고서를 준비하고 실행합니다. 이러한 학습 태도는 중학교 때부터 체득해 온 것으로 중학교에서는 학교에서 최고의 성취도를 보이고 모든 교과에서 탁월한 학습 능력을 보였습니다. 지식과 생활에 대한 자만이 가득한 상태에서 생활을 했다고 합니다. 또한 학교의 모든 행사에도 적극 참여하는 능동적인 학생이었다고 합니다. 하지만 특수목적고인 과학고에 진학하면서 학생은 학습 태도에 있어 많은 어려움을 겪었다고 합니다. 선행학습 없이 들어온 학교에서 뛰어난 학생들과의 경쟁이 공부에서 스스로를 주눅이 들게 한 것입니다. 그 결과 고등학교 1, 2학년의 학업 성취도가 높게 나오지 못했습니다. 하지만 학생의 학습태도와 연구에 임하는 자세는 누구보다 뛰어나기에 지속적으로 성적이 향상되고 있습니다. 발표와 토론을 위주로 하는 수업에서는 누구보다 적극적으로 자신의 의견을 피력하고, 실험을 중심으로 하는 수업에서는 자료를 왜곡하지 않으며 끝까지 파헤치는 끈기를 보여 줍니다. 이러한 자세는 R&E의 실행 과정에서도 잘 나타났습니다. 특히 제가 인지심리학에 관심이 있어 fMRI를 이용한 학생들의 인지 차이에 대한 연구를 옆에서 세심하게 지켜보았습니다. 다른 팀들보다 주제가 창의적이고 고급 기자재를 이용하는 연구였기에 학생은 연구에서 많은 시간과 노력이 필요했습니다. 하지만 학생은 연구를 수행하면서 언제나 묵묵하고 착실하게 데이터를 정리하고 결과를 도출하였습니다. 결과에 대한 압박 속에서도 계획에 맞추어 지속적이고 정직하게 연구 결과를 그대로 인정하고 오랜 시간 연구를 진행한 것입니다. 그 과정에서 저는 학생이 가진 연구자로서의 기본 역량을 느낄 수 있었습니다.

○ 사례 (4)
특이할 만한 영재성을 지닌 것은 아니지만 지원자가 재학 중에 보인 학업에 대한 꾸준한 노력과 진로를 결정하고 준비하는 과정에서 보인 열정과 집념은 대단합니다. 그 노력과 열정, 집념이 지속적인 성적 향상으로 이어졌다고 생각합니다. 특히 지원자는 3학년 1학기 때의 국어, 영어, 수학, 과학 과목의 성적이 평균 1.25등급이 나왔을 정도로 놀라운 뒷심과 집중력을 발휘하고 있습니다.

지원자는 호기심이 강하고 학업에 대한 성취 욕구가 강하여 의문이 생기거나 이해가 가지 않는 내용이 있으면 교무실로 찾아와 질문을 통해 적극적으로 해결합니다. 그런데 해결되었다고 끝나는 것이 아니고 지원자는 선생님의 설명을 바탕으로 자신의 생각을 차분히 다시 정리합니다. 이렇게 생각을 잘 정리한다는 점은 지원자의 중요한 장점입니다.

수업 태도가 정말 좋고 반응이 있는 학생입니다. 그리고 어려운 상황을 접했을 때 아등바등하지 않는 긍정적인 점이 돋보입니다. 고3 때 지원자를 지도한 수학 선생님은 '지원자는 수학적으로 아주 탁월한 학생은 아니다. 하지만 생각 정리를 잘하고 수학에 대한 흥미와 수학적 기본을 두루 잘 갖추고 있다. 배워서 알게 된 것을 잘 익혀서 적용할 줄 알며, 수업 시간에 수학에 임하는 태도가 여유롭고도 끈기 있어서 돋보인다'며 칭찬하십니다. 특히 수학 시간에 다른 학생들의 발표가 다소 부족할 경우 지원자가 지원자 특유의 쉬운 언어로 마무리 설명을 하여 다른 학생들을 이해시키는 데 큰 도움이 되었던 적도 있다고 합니다.

보다 훌륭한 여건 속에서 체계적인 학습의 기회를 갖는다면 지원자의 성장 가능성은 무한할 것이라 생각합니다.

○ **사례 (5)**

지원자를 지켜본 기간은 비록 짧지만 지원자의 학습 능력과 잠재력이 대단함을 느끼기에는 충분한 시간이었습니다. 특히 사회적으로 관계 맺는 능력과 언어 습득 능력이 아주 뛰어납니다. 지원자 본인의 꿈이 외교관인 만큼 국제 관계와 외국 문화에 대한 이해력도 필요한데 부모님의 해외 근무로 인해 미국에서 1년간 체류한 경험은 앞으로의 삶에서 큰 도움이 될 것이라 생각합니다.

지원자는 다방면으로 성적이 우수하지만 특히 외국어(영어) 관련 교과 성적이 탁월합니다. 영어 말하기, 듣기, 읽기, 쓰기 등 영어 전반에서 뛰어나며, 영어 소설을 즐겨 읽을 정도로 어학에 남다른 관심이 있습니다. 이는 지원자가 자신의 꿈을 이루기 위해 부단히 노력한 결과라고 생각됩니다. 그리고 교내 영어경시대회에 매번 참가하여 여러 차례 수상한 경험이 있으며 고려대학교 사범대학과 전국

19개 외국어고등학교가 공동 주최한 제10회 국제 영어경시대회(IET)에 참가해서는 ○○ 지역 동상을 수상하기도 하였습니다. 뿐만 아니라 반기문총장배 전국 영어경시대회 전국 부문에 학교 대표로 발탁되어 대회에 참가하는 등 영어와 관련한 다양한 경험을 통해 지원자는 외교관이라는 자신의 꿈을 이루기 위한 준비를 했습니다. 수업에 들어오시는 선생님들의 칭찬 또한 자자합니다. 특히 영어선생님들은 수업 태도도 매우 진지하고 영어 공부에 대한 열의가 있으며 영어 어휘력과 독해력이 우수하여 학업 잠재력이 높다고 이야기하십니다. 그리고 2학년 때의 담임선생님은 지원자의 두뇌가 아주 명석하여 학습 활동이나 주어진 일을 창의적으로 잘 해결한다고 말씀하십니다.

현재 일반계 고등학교 학생 중에 영어 소설을 즐겨 읽을 정도로 영어에 대한 관심과 능력이 있는 학생이 얼마나 되겠습니까. 이는 지원자가 영어에 관한 능력이 아주 뛰어남을 보여 주는 한 가지 예라고 할 수 있습니다. 이 모든 것들은 지원자가 본인의 꿈인 외교관으로서의 기본 자질을 연마하고 있는 것이라 생각됩니다. 이에 목표 의식이 뚜렷하고 자만하지 않으며 기본에 충실한 지원자의 학습 능력이 귀교의 귀한 가르침과 만난다면 더욱더 학문의 깊이를 더해 우수한 인재로 거듭날 것을 확신합니다.

그렇다고 지원자가 학업에만 욕심을 부리고 집착하는 것은 아닙니다. 지원자는 학습 능력이 뛰어날 뿐만 아니라 교내 댄스공연대회나 명사 초청 논술특강 등의 행사에도 적극 참여하여 학급 친구들과 함께 부대끼며 활동하고 자신의 의견을 정확하게 표현할 줄 아는 학생입니다. 관심이 있는 분야는 꾸준히 파고드는 기질이 있으며, 친구들에게 다정하고 친절하며 선생님과 어른에 대한 예의도 바른 학생으로, 자신의 역할을 완벽하게 소화하려 애쓰고 있습니다.

위에 살펴본 추천서의 실제 사례들은 생활기록부 이외의 평소 학습 태도와 관계된 것들을 중심으로 대학에서 충분히 수학할 수 있는 내용을 바탕으로 서술하여 지원의 충실한 학습 태도를 중심으로 서술하고 있다. 다음 사례는 일반적인 추천서의 내용을 생활기록부를 중심으로 작성한 것인데 이는 추천서 작성에서 좋은 사례라 할 수 없다.

○ 사례 (1)

지원자의 학습 능력은 거의 모든 과목에서 선두를 차지할 만큼 뛰어납니다. 49개의 교내상 중 상위 4%에게만 주어지는 교과 우수상이 무려 39개나 되며 교과 우수상뿐만 아니라 독후활동 우수상, 표창장 4개, 학력우수상 2개, 교내 모의토익대회 장려상을 수상할 만큼 오로지 공교육만을 통해서 전교 1~2등의 실력을 갈고닦은 학생입니다. 또한 교육청 모의고사에서도 좋은 성적을 내고 있습니다. 살펴보면 2009년부터 현재까지 9번의 교육청 모의고사 중 언어영역이 5번, 외국어가 4번, 수리가 4번 각각 1등급을 받을 만큼 내실이 있으며 외교관의 기초 자질은 영어 실력을 검증하기 위하여 교내 모의 토익대회에 참가하여 단 한 번의 토익 공부를 하지 않고 850점이라는 점수를 받을 정도로 영어에 감각이 있다고 판단됩니다.

○ 사례 (2)

학업성취도(전 교과): 지원자는 4학기에 걸쳐 내신 1등급에게만 주어지는 교과 우수상을 총 35회에 걸쳐 받았고 매 학기 전교 1등에게 주어지는 학력우수상을 3회 수상을 할 정도로 모든 교과에 걸쳐 두드러진 모습을 보이고 있습니다.

이와 같이 생기부의 내용을 반복하여 제시한다면 추천서로서의 역할을 할 수 없을 것이다.

나. 지원자의 인성 및 대인관계를 중심으로 작성한 사례

둘째 항목은 지원자의 인성, 책임감 및 정서적 성숙도, 자기 주도력, 리더십, 협동력에 대한 추천자의 평가를 요구하며 구체적인 사례를 요구하는 항목이다. 이 항목은 대부분 생활기록부의 행동 상황란이나 종합 의견란에 일부분 내용이 제시되어 있지만 지원자와 함께 실제 생활하면서 지켜본 바를 구체적인 사항을 중심으로 제시하는 것이 바람직하다.

○ **지원자의 인성 및 대인관계에 대하여 평가하여 주십시오. (2011)**

평가항목	평균이하	평균	우수함 (평균이상)	훌륭함 (상위10%이내)	특별함 (상위5%이내)	상위1% (상위1%이내)
책임감 및 성실성						
정서적 성숙도						
자기 주도력						
리더십						
협동력						

○ **사례 (1)**

지원자는 공부를 하면서도 본교의 자매기관인 ○○재활원, 장애인 시설인 ○○주간보호센터 등 여러 기관에서 봉사활동을 하였습니다. 특히 본교는 지역의 유관기관들과 봉사활동 협력학교 체결을 하여 학생들에게 봉사활동의 의미를 깨닫게 하고 이를 경험할 수 있도록 돕고 있습니다. 이는 주위의 이웃과 더불어 살아야 하고 남을 위해 베푸는 덕을 실천하기 위한 것이라 할 수 있습니다. 지원자는 이러한 봉사활동을 통하여 지역사회의 소외받은 계층을 이해하는 따뜻한 마음을 가졌을 것입니다. 또한 이러한 봉사활동을 통하여 지역사회에 대한 이해의 폭도 넓혔을 것이라 생각됩니다.

지원자는 1학년 때에는 학급 반장, 2학년 때에는 동아리 반장을 맡아서 주어진 역할을 성실히 수행하였습니다. 이는 교과 부분뿐만 아니라 주어진 역할에서 최선을 다하는 모습이었습니다. 이러한 모습은 여러 학생들에게 귀감이 되었고 자신의 능력을 발휘할 수 있는 기회이기도 하였습니다. 주어진 역할을 잘 수행한 결과로 전국 고등학생들에게 수여하는 자랑스러운 청소년상을 받았습니다. 또한 지원자는 2학년 때 학교에서 교칙을 가장 잘 지키는 학급에 수여하는 최고 ○○지킴이 최우수 학급과 명예규율 우수 학급에 선정되도록 아침 등교에서 저녁 하교 때까지 모든 노력을 다하였습니다. 특히 반 학생들에게는 공부를 잘한다는 이유로 질시의 대상이 될 수도 있었지만 항상 자신을 낮추는 겸손한 태도를 지녔습니다. 지원자는 자신이 알고 있는 교과 내용에 대한 친구들의 질문에는 항상 친절하게 답을 하였으며, 매학기 중간고사나 기말고사 일주일 전에는 꼭 반 학생들의 시험공부를 위해서 매번 공부한 내용을 정리하여 학생들과 공유함으로써 반 학생들이 시험을 잘 준비할 수 있도록 도움을 주었습니다. 이러한 지원자의 모습 때문에 반 학생들은 지원자를 항상 믿고 따릅니다.

○ **사례 (2)**
학생의 인성적인 면은 평소 생활 태도에서 잘 나타납니다. 기숙학교인 본교에서 기숙사 생활에서 모범상을 받은 것은 단순히 규칙에 대한 준수를 넘어 자기 절제를 통한 공동체 의식이 체화된 것으로 볼 수 있습니다. 언제나 일찍 일어나 아침 운동을 준비하고 밝은 표정으로 생활하는 모습에서 다른 사람에 대한 배려도 느낄 수 있었습니다. 또한 이런 면은 학생이 지속적으로 활동해 온 국내와 해외 봉사 활동을 통해서도 알 수 있습니다. 여러 가지 어려움을 겪었지만 새로운 것을 탐구하고자 하는 지적 의지와 보다 어려운 사람에 대한 관심과 배려 속에서 지속적인 봉사활동을 해 온 것입니다. 특히 올해는 입시에 바쁜 속에서도 학급의 반장과 인근 지역 중학생들을 위한 멘토링 봉사활동을 지속하고 있습니다.
　이와 같이 학생은 생활 속에서 타인을 배려하고 실제적인 삶에 적극적으로 참여하고 있습니다. 이러한 자세는 성실하고 능동적인 연구자의 자질이라고 생각되기에 귀교의 글로벌 리더 전형의 후보로 충분한 자질이라고 생각됩니다.

○ **사례 (3)**
지원자는 자신의 특기를 학급이나 다른 사람들을 위해서 기꺼이 발휘하는 봉사 정신이 뛰어나 공동체 구성원으로서 훌륭한 모습을 보입니다.
올해 교내 체육대회 때 입을 학급 티셔츠(1, 2, 3학년의 6반)의 디자인을 직접 맡아 제작하여 많은 친구들과 선생님들로부터 티셔츠의 디자인이 1, 2, 3학년의 6반을 모두 아우르는 의미가 담겨 있는 멋있고 독창적인 디자인이라고 많은 칭찬과 격려를 받았으며, 2학년 때에는 미술동아리(TOM)에 가입하여 배지 디자인에 참여하는 등 동아리 활동에도 적극적인 모습을 보임으로써 친구들의 신망이 두터운 학생입니다.
청소시간에는 한 번도 빠지지 않고 자신이 맡은 구역을 열심히 정리 정돈하였으며, 심지어 아파서 일찍 귀가한 다른 학생이 맡는 구역까지 함께 청소하여 따뜻한 친구의 정을 느낄 수 있었습니다. 교내 축제 때는 댄스경연대회에 학급 대표로 출전하여 남다른 끼를 보여주기도 했습니다.

혼자서 뽐내기보다는 학급의 친구들과도 잘 어울려 좋은 교우 관계를 유지해왔으며, 자제력이 강한 편이며 자신이 한다고 다짐한 일이면 반드시 해내는 책임감 또한 강합니다. 부모님이 교사이기에 엄격한 가정교육으로 예의가 바른 모범적인 학생이기도 합니다. 항상 웃으며 생활하고 특히 선생님들에게 인사를 잘하는 학생입니다. 1학년 때 수상한 봉사상은 급우들과 원만한 관계를 유지하고 어려운 친구들을 배려했기 때문에 친구들의 추천을 받아 수상한 것입니다.

이런 모든 사항들이 지원자가 귀교의 커리큘럼을 충실히 이수할 수 있음은 물론 더 나아가 독창적이고 창의적으로 발상으로 귀 대학 발전에 기여할 수 있을 것이라 확신합니다.

○ 사례 (4)

학생은 개방적이고 민주적인 가정에서 성장했습니다. 집안 형편도 학생의 다양한 체험을 통한 공부를 뒷받침할 수 있는 환경이었습니다. 제가 부모님과 상담을 한 결과 어린 시절부터 아버님의 교육 철학에 따라 다양한 체험 활동을 하였다고 합니다. 단순히 교실에 앉아 책을 통해 개념으로 접하기보다 실제적이고 현실적인 것들을 학생이 직접 접하도록 교육하였다고 합니다. 이러한 부모님의 교육 이념은 학생의 평소 생활에서 잘 드러납니다.

이렇듯 학생이 가진 장점 중 하나가 다양한 것들에 대한 실제적 경험이 많다는 것입니다. 먼저 1학년 때 본교 축제 기간에 보여 준 사회자로서의 역량은 다른 학생들을 이끄는 리더십뿐만 아니라 상황에 대한 재치와 기지를 잘 보여 주었습니다. 다른 팀들의 미숙한 준비로 인해 밑에서 축제를 지켜보던 저는 걱정이 많았지만 사회자인 학생이 자연스럽게 무대를 이끄는 모습을 보면서 안심이 되었습니다. 다음으로 올해에는 ○○광역시 청소년위원회에 참여하는 모습이 인상적이었습니다. 학업으로 바쁜 시간 속에서도 사회에 대한 봉사 의식을 가지고 청소년위원회에 참석하여 다양한 활동을 하는 모습은 사회에 대한 책무를 가진 보다 성숙한 과학자의 자질을 보여주는 모습이었습니다. 특히 ○○ 청소년위원회 대표로 KBS 도전골든벨에 참가하여 다른 학생들과 많은 사귐을 가지는 활동은 학생을 보다 성숙시키는 계기가 되었다고 생각됩니다. 이러한 사회 참여의 모습은 사회 소외계층에 대한 봉사활동인 인근 중학교 3학년을 대상으로 한 수학·과학 멘토링 활동에서도 나타납니다. 중학교 학생들을 학문의 멘토 대상으로 접하면서 학문의 체계와 교수에 대한 다양한 경험들을 했습니다. 이러한 활동을 1, 2학년 때는 본인이 동아리 장을 맡아 활동을 기획하고 실천했다고 합니다. 마지막으로 다양한 해외에서의 활동도 학생의 다양한 경험을 확장하는 계기가 되었습니다. 학생은 2007년 인도 퀸타 대회에 참여하여 세계 20여 개국의 학생들과 다양한 활동을 하면서 교류를 쌓았다고 합니다. 또한 학교에서 주관한 필리핀에서의 실험 봉사활동에도 참여하여 많은 어려움 속에서도 다양한 체험을 하였다고 합니다. 이러한 다양한 체험은 학생이 정신적으로 보다 성숙할 뿐만 아니라 미래의 꿈을 보다 확고하게 하고 삶을 치열하게 살 수 있는 계기가 될 것입니다.

이러한 경험을 통한 정신적 성숙은 학생이 조기 졸업 실패 후 겪은 어려움을 치유하고 극복하며 다른 사람들에게 오히려 배려를 베푸는 근본적인 힘으로 작동한 것으로 생각됩니다. 학생은 작년 대학 진학을 위한 조기 졸업 시도를 했지만 여러 가지 이유로 성공하지 못하고 좌절했습니다. 중학교 때 최고의 성적을 거두던 자신의 옛 모습에 대한 회상에 젖으며 심리적 좌절이 매우 큰 상태였습니다. 당시 제가 상담을 했을 때 매우 심각한 수준의 어려움을 겪고 있었습니다. 이러한 심리적 어려움을 극복한 것이 바로 학생의 다양한 경험에 근거한 스스로의 극복 의지였습니다. 다른 사람들의 여러 가지 충고가 도움이 되기는 했지만, 무엇보다 근본적인 힘은 여러 경험 속에서 얻은 자신감과 미래에 대한 긍정적인 사고라고 생각됩니다. 다양한 경험 속에서 얻은 살아 있는 체화된 지식이 학생을 보다 강하게 만들었다고 생각됩니다. 이러한 모습은 학생이 앞으로 보다 큰 꿈을 실현하는 원동력이 될 것이라고 생각합니다. 이러한 점들을 고려할 때 학생은 귀교가 요구하는 글로벌 리더의 자질을 충분히 갖추고 있다고 생각됩니다.

○ 사례 (5)

지원자는 1학년 때부터 지금까지 줄곧 성적 우수 학생들이 모인 심화반에서 단 한 번도 빠진 적 없이 모범적으로 학업을 해 오고 있습니다. 더불어 논술도우미로서 친구들에게 신뢰를 받으며 주어진 일을 잘 수행해 왔습니다. 매사에 모범적이고 친구들 간에 신망도 있어 3학년으로 진급했을 때 반장이나 부반장 선거에 도전해 보라고 권유를 했는데 스스로 많이 부족하다며 조심스럽게 사양을 하기도 했습니다. 충분히 해낼 수 있는 학생인데 아무래도 어려운 가정 형편을 생각해서 스스로 그런 판단을 내린 게 아닌가 싶어 담임인 저도 참 마음이 아팠습니다. 그리고 솔선하여 보건환경부장 겸 분리수거를 담당하면서 깨끗한 학급 환경 조성을 위해 항상 앞장서며 주어진 일을 완벽하게 수행하고 있습니다. 그 덕분인지 제가 이 학교에 1994년 부임한 이래 수년간 담임을 맡아왔지만 한 번도 인연이 없었던 환경미화 우수반으로 선정되는 영광도 누려 볼 수 있었습니다. 때문에 적어도 저에게는 참 고맙고 사랑스런 학생입니다. 심화반과 학급에서의 성실한 활동은 대외 봉사 활동에 있어서도 예외는 아니었습니다. 학생은 1학년에 입학하자마자 평소 봉사활동에 많은 관심을 가지고 활동하고 계시는 본교 선생님(제10회 전국 중고교 자원봉사 대회 은상 수상, 2008년 9월 8일)과 몇몇 2학년 선배들이 주축이 된 '○○○'(라틴어로 '똑같이'라는 뜻, 봉사활동을 통해 더불어 함께하는 삶을 배우자는 취지)라는 봉사활동 동아리의 창단 멤버로 참여하게 되었습니다. 학업으로 바쁜 고등학교 생활에도 불구하고 학생은 틈틈이 시간을 내어 현재 200여 시간의 봉사 활동을 수행하였으며 특히 '○○○'와 함께 본교와 자매결연 한 ○○재활원에서의 주기적인 봉사활동 등 다양한 봉사활동으로 ○○광역시 청소년자원봉사대회에서 대상을 수상하는 등 봉사활동과 관련 여섯 차례나 수상하는 영광을 누리기도 하였습니다. 지원자는 반장이나 부반장의 경력은 없습니다. 하지만 형식적인 감투보다도 오히려 음지에서 누구보다 열심히 활동한, 그래서 친구들로부터 신망이 두터운 참된 리더십의 소유자입니다.

다. 지원자의 종합평가를 중심으로 작성한 사례

셋째 항목은 1~2번 항목 이외 지원자의 평가에 고려할 만한 사항이 있는 경우(교육환경, 지원자의 가정환경, 성장과정, 생활여건 등)에 대하여 구체적인 사례를 요구하는 항목이다.

○ 사례 (1)
지원자의 가정환경은 평범하고 화목합니다. 1997년 외환위기 때 지원자의 아버지가 회사의 부도로 실직한 이후로 화장실 수리 등 일용직 기술자로서 일을 하고 있고 어머니도 옷 수선 등의 일을 하고 있지만, 고정적이지 않은 수입은 두 자녀를 키우기엔 많은 부담이 되고 있습니다. 특히 올해 지원자의 오빠가 ○○대학교에 입학하게 되어 교육비 부담이 더욱 가중되었다 합니다. 그러기에 지원자는 학비 지원을 받아야 했고, 때문에 요즘엔 너무나 당연시되는 학원 수강이나 과외도 없이 오직 학교에서 스스로의 힘으로 공부를 하고 있습니다. 내년에 지원자가 대학에 진학한다면 학비 부담은 또 한층 가중될 것입니다. 하지만 지원자는 결코 좌절하거나 어려워하지 않습니다. 지원자는 항상 심화반을 지키며 이를 통해 오히려 스스로 학업을 하는 능력을 향상시켰으며, ○○재활원 봉사활동 등을 통해 자신보다 어려운 사람들을 이해할 줄 아는 성숙한 학생입니다. 대학에 진학해서는 장학생이 되어보겠다는 당찬 꿈도 가지고 있습니다. 어려운 가정환경 속에서도 학업에 충실하고 곧고 바르게 생활하는 지원자를 볼 때, 무엇이든 해 낼 수 있는 능력을 지닌 소유자라 생각됩니다. 담임으로서 지원자가 귀교에 꼭 합격하기를 기원합니다.

○ 사례 (2)
지원자는 어렸을 때 암에 걸려 학교를 한 해 휴학하여 동년배들보다 한 살이 많습니다. 다리에 상처가 있어서 입학 당시부터 치마가 아닌 바지만 줄곧 입고 다녀 전교생 중에서도 눈에 띄는 학생이었습니다. 이런 지원자가 본교 과학 동아리에 지원하였을 때 걱정이 되기도 하였습니다. 본교 과학 동아리는 17년의 역사를 가진 동아리로 ○○ 지역뿐만 아니라 전국적으로 이름난 동아리입니다. 전국에서 소외계층을 위한 과학봉사활동을 처음 시작하여 3년 연속 봉사대회 대상을 수상하는 등 다양한 과학활동이 많기로 유명한 동아리입니다. 또한 전국과학전람회 특상, 과학탐구발표대회 대상 등 연구실적 또한 뛰어난 동아리입니다. 유난히 체력이 약해 이런 본교 과학 동아리에서 잘 적응해 나갈지 의문이었고, 1년 선배들과 동네 친구들이라 선후배 규율이 엄한 동아리에서 적응하는 것도 걱정이었습니다. 하지만 선천적인 명랑함과 긍정적인 사고로 3년 동안 동아리 생활을 잘 해왔을 뿐 아니라 오히려 모든 방면에서 모범적인 생활을 하였습니다. 다양한 과학탐구대회에 참가하여 의욕적인 연구 활동을 하였고, 과학봉사 활동에 누구보다 솔선수범하여 참가하였습니다. 비록 행사와 활동이 끝나면 몸이 아파 고생하기는 하였지만 활동하는 동안만큼은 누구보다 열정적이고 즐겁게 활동하는 모습을 줄곧 지켜보았습니다. 작고 약한 모습이지만 암을 이겨낼 정도의 정신력과 긍정적인 사고를 가졌다면 앞으로 어떠한 고난에도 굴하지 않고 극복해 내리라 생각합니다.

○ 사례 (3)
지원자는 2학년 2학기에 본교로 전학 온 학생입니다. 오랫동안 지켜본 학생은 아니지만 시간이 지날수록 긍정적인 면을 많이 찾아볼 수 있는 학생입니다. 특히 올해 담임을 맡으면서 한 가지 발견한 것은 지원자가 '집중력과 의지'가 뛰어나다는 점입니다. 이는 많은 선생님들의 공통된 의견이기도 합니다. 한 분야에 몰두해서 연구하면 뛰어난 업적을 남길 수 있는 자질이라고 생각합니다.
그렇다고 지원자가 학업에만 욕심을 부리고 집중하는 것은 아닙니다. 지원자는 학업능력이 뛰어날 뿐만 아니라 교내 축제에서는 바이올린을 멋지게 연주해 주위를 놀라게 했고 창의력 올림픽에 팀장을 맡아 팀원들과 함께 참여하기 위해 체계적으로 준비하기도 하는 등 활발하게 활동하는 적극적이고 진취적인 학생입니다. 친구들에게 다정하고 친절하며 선생님과 어른에 대한 예의도 바른 학생으로, 자신의 역할을 완벽하게 소화하려 애쓰고 있습니다.
지원자가 귀교에서 보다 뛰어난 인재로 성장할 수 있기를 바랍니다.

○ 사례 (4)
항상 진지하고 배운 것을 잘 정리하여 의문점을 남기지 않는 학습 태도를 가지고 있으며 전 교과목 학업 성적이 매우 우수합니다. 일을 서두르지 않고 확실하게 처리하는 성품을 가지고 있으며 원리원칙에 충실하고 인내심이 강하여 귀교에서 공부를 하면서 보다 수준 높은 체계적인 학습을 받는다면 좋은 성과를 거둘 수 있을 것이라 생각합니다.
지원자는 본인의 장점이나 특징을 잘 드러내지 않으려는 경향이 있습니다. 객관적인 자료를 들이대거나 여러 사람이 지원자의 장점을 이야기해도 그냥 웃고 넘어가는 겸손한 학생입니다. 요즘 세대는 자기의 주장이나 장점을 남들에게 크게 내세우는 경향이 강하지만 지원자는 우수한 학생임에도 불구하고 본인을 낮춤으로써 상대를 편하게 합니다. 이런 지원자를 보면서 가정교육의 중요함을 다시 생각하게 됩니다.
지원자가 귀교에서 보다 뛰어난 인재로 성장할 수 있기를 바랍니다.

○ 사례 (5)

지원자는 몇몇 선생님들 사이에서 '모범 초등학생'으로 불릴 만큼 호기심이 왕성하고 열의가 있습니다. 한번 품은 의문은 담당교사를 끈질기게 붙잡고 늘어져서라도 해결하려는 고집이 있습니다. 허황된 꿈보다는 실현 가능한 것부터 시작해서 자신의 꿈을 하나씩 체계적으로 실현하는 신중한 모습도 보입니다.

또한 지원자는 자신의 장·단점을 잘 알고 있으며 하고자 하는 일에 대한 확신이 있습니다. 학업적인 면에서 놀라울 정도의 성장을 보이고 있어, 나은 여건이 주어진다면 훨씬 더 큰 발전을 보일 것으로 기대됩니다. 지원자 특유의 여유와 긍정적 사고는 앞으로 공부를 하면서 겪게 될 어떤 어려움도 이겨낼 수 있는 힘이 될 것입니다.

지원자가 귀교에서 보다 뛰어난 인재로 성장할 수 있기를 바랍니다.

지원 대학별 자기소개서와 추천서 사례

PART 5

지원 대학별 자기소개서와 추천서 사례

1 지원 대학별 자기소개서 사례

　이제 여러 대학, 과별로 쓴 자기소개서의 자료를 엮었다. 필자들이 고3 담임으로 대학 진학을 지도하면서 모았던 자료이면서 동시에 수험생과 고민했던 내용들을 담았다. 모든 진리가 한곳으로 가지는 않지만, 여러 길을 가더라도 반드시 거쳐야 하는 곳이 있을 것이다. 대학 진학이 반드시 거쳐야 할 곳이라면 자기소개서일 것이다. 여기에 모은 자료들이 여러분이 진학하고자 하는 대학의 길목에서 도움을 줄 것이다.

　앞에서 정리한 것을 한 군데 모아 수험생이나 교사, 학부모들이 쉽게 한눈에 볼 수 있도록 했다. 거듭 강조하고 싶은 것은 다음 자료들을 인용하여 표절하지 말라는 것이다. 참고삼아 어떤 내용이 있는지만을 파악하면 된다.

가. 서울대학교

○ 사례 (1)

1. 지원동기와 진로계획을 중심으로 서울대학교가 지원자를 선발해야 하는 이유에 대하여 기술하여 주십시오.

▶ 띄어쓰기를 포함하여 1,000자 이내로 작성해야 합니다.

테슬라는 자신의 뛰어난 연구 능력을 바탕으로 교류 시스템을 발견하여 에디슨과의 전류 전쟁에서 승리하는 등 무선 전신과 기타 여러 과학 기술 분야의 토대를 마련한 인물입니다. 열악한 상황 속에서도 수많은 연구를 통해 오늘날 전기 체계의 기반을 다진 그의 모습은 저에게 귀감이 되었습니다.

테슬라의 생애를 통해 과학자에 대한 무한한 동경을 가지게 된 저는 UNIST에서 주최한 영재교육과정에 참여하여 대학 연구실에서 태양광 전지 제작 실험을 한 경험이 있습니다. 장치를 직접 설계하고 나온 결과를 분석하는 활동을 통해 고등학교에서는 쉽게 접할 수 없는 연구실 생활을 직접 경험했는데 참 매력적이었습니다.

또한 저는 과학의 다양한 분야에 대한 호기심으로 많은 서적을 접하였는데, 그중 '불가능은 없다 Physics of the Impossible(미치오 카쿠, 김영사)'는 참 인상적이었습니다. 이 책은 상온 초전도체를 이용한 자기부양 산업의 발전, 플라즈마 창을 이용한 우주선의 개발 등 전기공학이 미래 산업에 지닌 큰 영향력을 보여주고 있어 저의 도전정신을 크게 자극했습니다. 특히 현재 초전도체의 큰 단점인 극한 온도의 필수성과 과다한 에너지 사용을 보완하는 상온 초전도체를 집중 연구하여 우리나라의 과학 발전에 이바지하고 싶습니다. 서울대학교는 지식과 그의 응용이 잘 융합된 교육에 탁월한 명실공히 최고의 대학이라 생각합니다. 강의 시간에 배운 지식이 실제 현장에서 어떻게 진행되는지 경험할 수 있는 공학지식 실무응용 인턴십 프로그램이 잘 마련되어 있고 학부생 때부터 주체적 연구 경험을 쌓을 기회가 많은 등 국내 최고의 교육환경을 갖추고 있다는 것을 알고 있습니다. 기회가 주어진다면 최고의 환경에서 최선을 다해 배우고 익힐 뿐 아니라 다양한 프로그램에 적극 참여하여 창의적으로 노력하는 학생이 되도록 최선을 다할 것입니다. 또한 인문학 수업 수강을 통해 다양한 분야를 이해하기 위한 노력도 소홀히 하지 않겠습니다. 이러한 노력은 제가 테슬라와 같은 세기의 과학자가 되는 데 큰 힘이 될 것입니다.

2. 고등학교 재학 중에 지적 호기심을 가지고 학업능력을 향상시키기 위해 노력한 내용을 기술하여 주십시오.

▶ 고등학교 재학경험이 없거나, 졸업한 지 오래된 경우에는 최근 3년간의 활동을 중심으로 기술하면 됩니다.
▶ 띄어쓰기를 포함하여 1,000자 이내로 작성해야 합니다.

사교육의 도움을 받지 않는 제가 최선을 다할 수 있는 공부는 바로 학교 교과 공부였습니다. 교과 선생님들의 수업을 놓치지 않기 위해 항상 선생님들의 말씀을 주의 깊게 들으려 애썼으며, 설령 놓치거나 질문이 생길 때면 쉬는 시간에 달려가 여쭙는 등 이른바 선생님을 '괴롭히는' 학생이었습니다. 또한 자율학습 시간에는 그날 수업 시간에 배웠던 내용을 복습하고 관련 내용을 익혀 배운 것을 내 것으로 만들려고 노력했습니다.

특히 기본을 충실히 하기 위해 애썼습니다. 하나를 배우면, 정의부터 시작하여 기초적인 이론, 이론들 사이의 상관관계, 그 이론이 어떻게 발견되었는지, 전체의 내용을 하나의 논리적인 흐름으로 엮어나가면서 공부하려고 노력했습니다. 그러나 이러한 공부 방법은 시간이 많이 걸려, 시험공부 할 시간이 부족할 경우에는 전체 범위를 꼼꼼하게 정리하지 못해 2등급을 받기도 했지만, 입학 당시 전교 13등에서 꾸준히 성적을 올려 전교 1등을 놓치지 않을 수 있던 것은 기본에 충실한 공부법의 결과라 자신할 수 있습니다.

학업에만 힘쓴 것이 아니라 학급 반장, 동아리 활동, 봉사 활동 등을 통해 사회 구성원으로서 일정한 역할을 함과 동시에 이러한 활동을 통해 폭넓고 깊은 사고를 할 수 있도록 노력했습니다. '지역 공동영재학급'을 통해서는 여러 학교의 우수한 친구들과 각자의 주장을 펼치며 논리적으로 자신의 의견을 표현하는 방법을, '공교육 논술학교'를 통해서는 유연한 사고와 협의의 중요성을 배울 수 있었습니다.

학기 중에는 평소 관심 분야이던 물리 과목에 많은 시간을 쏟기 힘들어 지역 도서관에서 과학 서적을 읽으며 호기심을 달랬습니다. 저의 물리에 대한 관심은 교내 수학·과학경시대회 물리 부문에서 은상(2학년 1위) 수상, 물리 인증제 4급 인증 등으로 확인할 수 있으며, 이러한 결과는 저의 자신감으로 이어졌습니다. 저는 서울대학교 전기공학부에서 공부할 수 있을 만큼의 충분한 노력을 했고 그 능력 또한 갖추고 있다고 자부합니다.

3. 학내 · 외 활동 중 가장 의미 있다고 생각하는 활동을 3개 이내로
   기술하여 주십시오.

▶ 학교생활기록부에 기록되어 있지 않은 내용은 반드시 증빙서류를 첨부해야 합
   니다.
▶ '의미 있다고 생각하는 이유'는 각 활동별로 띄어쓰기를 포함하여 700자 이내
   로 작성해야 합니다.
▶ '활동기간' 및 '활동횟수' 기재 예시: 2010년 3월~2011년 5월 주2회, 2010
   년3월2일~2010년3월20일/활동횟수(수시), 2009년 4월 20일/활동횟수(1회)

1) 수학 동아리 MIT
수학 동아리는 저와 친구들이 심도 있는 수학 활동을 위해 자발적
으로 만든 것입니다. 동아리원들과 수학 심화 문제를 풀고 각자 자
신의 풀이를 발표하는 과정에서 문제 해결을 위한 다양한 아이디
어 제시 능력과 응용력을 기를 수 있었습니다. 이런 노력으로
KMC 경시대회 장려상, 성균관대 수학경시대회 ○○ 지역 1등의
성적을 거둘 수 있었습니다.
또한 과학 문화 축제 '사이언스 페스티벌' 도우미, 교내 수학 체험
전 준비 및 개최 등에 주도적으로 참여하였고, 4D 프레임을 응용한
공간도형 만들기 활동과 같이 직접 수학 교구를 이용하는 학습을
통하여 창의적 사고 능력을 기르는 등 동아리 활동을 통해 수학을
몸으로 '체험'하기 위해 노력하였습니다.
이 과정에서 수학적 지식을 쌓았을 뿐만 아니라 동아리 친구들과
의 결속을 다질 수 있었고, 여러 동아리 관련 일들을 우리의 힘만
으로 준비하는 과정에서 활동할 때마다 겪은 크고 작은 시행착오
를 통해 리더의 자세와 역할에 대해 생각하고 리더로서의 자질을
키울 수 있었습니다.
수업이 없는 방학에도 담당 선생님, 동아리 친구들과 함께 국립과
학박물관, 수학문화원을 방문하여 견문을 넓혔습니다. 체험 활동
과정에서 느끼고 배운 점들을 동아리원들과 함께 공유하는 시간을
가짐으로써 자신이 미처 생각하거나 깨닫지 못한 부분들을 채워나
가며 단순히 발자국만 찍고 오는 활동이 아니라 많이 얻을 수 있는
체험 활동을 하고자 노력하였습니다.

2) UNIST 과학영재교육
UNIST 과학영재교육은 전기공학에 관심이 깊었던 제가 '연구'라는

것을 직접 해 볼 수 있었던 소중한 경험이었습니다. 실험복을 입고, 실험 계획을 직접 구상해서 수행했던 많은 실험들 중에서 태양광 전지를 만들었던 실험이 가장 기억에 남습니다. 첫 번째 도전에서 금속 접합 부분에 납땜질을 제대로 하지 못해 실패했었는데 힘들게 재료를 다시 구해 다시 한 번 시도해 볼 수 있는 기회를 얻을 수 있었습니다. 첫 번째 실험의 실패 원인을 찾고 분석하고 이를 바탕으로 다시 만들어 성공적인 결과를 얻을 수 있었습니다. 태양광 전지가 작동할 때의 그 희열과 짜릿함은 지금도 저를 움찔거리게 만들 정도로 대단했습니다. 연구하고 개발하는 것에 즐거움을 느꼈을 뿐만 아니라 이론에 뛰어나다고 해서 다른 것에도 뛰어난 것이 아니라는 것 또한 느낄 수 있었습니다. 이런 경험들은 새로운 것을 연구하고 개발하는 혁신적 연구원이라는 제 진로를 구체화하는게 많은 도움을 주었습니다.

UNIST 교수님들께 원서로 된 대학 서적으로 배운 대학 선 이수 과정 역시 상당히 유익했습니다. 영어와 복잡한 식들로 빼곡히 채워져 있는 책으로 공부하는 것이 처음에는 큰 도전이었습니다. 하지만 원서에 나와 있는 어려운 단어를 찾고 참고 자료들을 찾아가며 노력한 결과 원서에 익숙해질 수 있었고 중간에 그만둔 친구들보다 더욱 많은 것을 배울 수 있었습니다.

3) 봉사 활동

○○ 지역 아동 센터에는 부모님이 없거나 가난한 가정의 어린 아이, 자폐증 아이가 있는 곳입니다. 저는 이곳에서 때론 아이들을 목욕탕에 데리고 가서 직접 씻겨 주었고 어떤 날은 아이들을 ○○ 체육관에 데리고 나가 체육 활동을 함께하였습니다. 체육 활동 중 아직까지 제 기억 속에 찐하게 자리 잡은 에피소드가 있습니다. 아이들과 운동장을 두 바퀴 뛰고 벤치에 앉아 쉬던 중 아버지가 없는 한 아이가 저에게 와 조용히 이야기하였습니다. '형, 우리 아빠는 교통사고로 돌아가셨어, 아빠는 태권도 관장님이셨는데 우리 학교에서 태권도 하는 애들 다 우리 아빠한테 배웠어.' 그러고는 아빠가 보고 싶다는 말을 하며 울먹였습니다. 그때 저는 가슴이 찡했고 그 아이와 함께 힘차게 축구를 하며 아버지를 대신해서 아이스크림을 사주기도 했습니다.

위의 경험에서 느끼는 감정을 비롯하여 저는 이곳 아동 센터에서 수많은 기쁨과 슬픔을 느낄 수 있었습니다. 부모님을 잃은 아이들에게는 부모님을 대신하여 따뜻한 안식처가 되어 주려 노력했고,

자폐증으로 인해 친구가 없는 아이에게는 서로의 마음을 열 수 있는 친구가 될 수 있도록 노력함으로써 제가 한층 더 성숙해질 수 있었습니다. 저는 그 아이들처럼 소외된 아이들을 위해 대학생이 되어서도 아낌없이 나누어 줄 수 있는 따뜻한 마음을 갖도록 노력할 것입니다.

4. 다음 주제 중 자신에게 해당하는 주제를 선택하여 구체적으로 기술하여 주십시오.

□ 자신의 장단점이나 특성
□ 특별한 성장과정이나 가정환경(생활여건 등)
□ 고등학교 시절 겪었던 어려움과 그것을 극복하기 위한 노력
▶ 띄어쓰기를 포함하여 1,000자 이내로 작성해야 합니다.

"내 생애는 실패의 연속이었다. 또한 우리나라의 역사도 실패의 역사였다. 나는 단 하나에 대하여만, 내 자신에 대하여만 승리했을 뿐이다."(아리랑, 님 웨일즈, 동녘)

노력에 비해 오르지 않는 언어영역 성적으로 인한 극심한 스트레스, 아버지의 조기 퇴직으로 인한 경제적 어려움으로 인해 2학년 겨울방학 때 슬럼프를 겪게 되었습니다. 힘든 일이 있거나 스트레스를 받을 때면 축구로 해소해왔던 것처럼 이번에도 친구들과 어울려 축구를 하며 안정을 찾으려 했습니다. 하지만 축구를 하고 난 후의 힘든 몸과 어두운 집 분위기는 오히려 공부하는 데 방해가 되었습니다. 평소 학습 계획을 구체적으로 짜고 혹 계획에 차질이 생길 때면 잠을 줄여가며 공부할 정도로 체계적으로 진행해 왔었는데, 시간이 부족해짐과 동시에 체력도 떨어지면서 전체적인 계획이 흔들리는 상황까지 맞게 되었습니다. 그렇게 2학년 겨울방학이 끝났고 3학년 초기까지 슬럼프에서 벗어나지 못했습니다. 그 상태로 3학년에 올라와서 처음 치른 모의고사의 언어영역 점수는 67점이었습니다. 충격이 컸습니다. 저에게 기대가 크시던 담임선생님께서도 저의 상황을 눈치 채시고 저에게 님 웨일즈의 '아리랑'이라는 책을 추천하시며 한 호흡 쉬어 가자고 하셨습니다. 부담스럽기도 했지만 이렇게 읽기 시작한 책을 읽고 나니 가슴이 후련했습니다. 작품 중 독립 운동가인 '김산'의 한마디는 그 상황을 이겨낼 수 있는 발판이 되었습니다. 이 책을 완독하고 나니 슬럼프를 이겨낼 수 있는 것은 나 자신에 대한 믿음밖에 없고 그 믿음을 바탕으로 스스로 이겨내야 한다는 것을, 그래야만 강해질 수 있음을 깨닫게 되었

습니다. 마침 실직하셨던 아버지 또한 계약직으로 다시 일을 시작하시게 되면서 한층 더 안정을 찾을 수 있었습니다. 이 과정에서 친구들의 도움도 컸습니다. 저는 ○○○, ○○○, ○○○이라는 세 친구의 공부를 쭉 도와줬었는데, 이번에는 그 친구들이 제가 학업에 열중할 수 있게 자극을 주었던 것입니다. 그 결과로 영광스런 교육감상도 수상할 수 있었습니다.

5. 읽었던 책 중 자신에게 가장 큰 영향을 준 책을 순서대로 3권 이내로 기술하여 주십시오.

▶ 고등학교 재학기간 중에 읽은 책 중에서 선택해야 합니다.
▶ '선정 이유'에는 단순한 내용 요약이나 감상보다는 읽게 된 계기, 책에 대한 긍정적 또는 부정적 평가, 이 책이 자신에게 준 영향을 중심으로 기술하면 됩니다.
▶ '선정 이유'는 각 도서별로 띄어쓰기를 포함하여 500자 이내로 작성해야 합니다.

1) 스티브 잡스 이야기(짐 코리건 저/권오열 역, 명진출판사)
이 책을 읽기 전까지 스티브 잡스는 그저 애플사의 훌륭한 CEO인 줄만 알고 있었습니다. 하지만 그는 과거에 자신이 창업한 애플사에서 퇴사당한데다 동료들로부터 배신까지 당한 사람이었습니다. 이 책의 초반부를 읽을 때는 "독선적인 데다가 무모하기까지 한데 어떻게 오늘날의 대성공을 거둘 수 있었을까?"라는 의문이 들었습니다. 하지만 책장을 넘기면 넘길수록 저는 그에게서 엄청난 힘인 '자신감'을 느낄 수 있었습니다. 뚜렷한 목표 의식 속에 자신감을 무기로 삼아 실패를 극복하는 그의 모습은 저에게 큰 감명을 주었습니다.
연구원이라는 제 목표에 있어서 저는 실험을 하고 연구를 하는 중에 스티브 잡스처럼 수많은 실패를 겪고 좌절할지 모른다는 생각이 들었습니다. 하지만 스티브 잡스의 장점이자 무기인 자신감과 뚜렷한 목표 의식이 실패를 오히려 성공으로 바꾸듯이 저 또한 제 장점인 성실함과 긍정적인 마인드를 바탕으로 실패를 극복해내고 성공을 이루어 내는 사람이 되도록 노력할 것입니다.

2) 연을 쫓는 아이(할레드 호세이니 저/왕은철 역, 현대문학)

주인공 아미르는 어릴 적 하인이면서 친한 친구 사이였던 하산에게 질투심을 느끼고 결국엔 억울한 누명까지 씌운 이기적인 인물입니다. 하지만 그는 성장하면서 여전히 가슴 한쪽에 찜찜하게 남아 있는 과거 자신의 행동에 반성하며 뉘우치게 됩니다.

입시 공부를 하며 저는 성적이 상위권인 친구들과 엄청난 경쟁을 하는 과정에서 이 책의 아미르처럼 이기적인 순간이 많았습니다. 또래 친구들보다 공부를 잘하기 위해서 체계적인 학업계획과 충분한 시간 투자가 필요하다고 느낀 저는 가끔 다른 친구들이 공부하는 모습에서 조금 아쉬운 점을 발견할 때가 있습니다. 하지만 내신 시험기간에는 그런 친구들 또한 경쟁자라고 느낀 저는 그것을 못 본 척하고 제 공부에만 몰두했습니다.

이 책을 읽고 난 후 저는 동료라는 참된 의미가 무엇인지 생각해 보게 되었고 학교 친구들이 경쟁자가 아닌 서로 도우며 함께 발전해나가는 관계여야 함을 깨닫게 되었습니다.

3) 불가능은 없다 Physics of the Impossible(미치오 카쿠 저/박병철 역, 김영사)

이 책은 책 표지에 나와 있듯이 저의 물리학 상식을 완전히 뒤바꾸어 주었으며 미래 과학 기술의 발전에 대한 저의 안목이 좁았다는 것을 깨우쳐 주었습니다.

저는 이 책을 읽기 전까지 공간 이동이나 투명 인간과 같은 기술은 영원히 불가능할 것이라 생각했습니다. 공간 이동과 같은 경우 어렸을 때 본 드래곤볼 만화를 상기시키며 읽었는데 물체를 원자 단위로 분해한 다음 이동시키는 이런 기술이 현재 개발 중에 있다는 사실은 정말 놀라웠습니다.

이 책에서 유난히 제가 끌렸던 내용은 초전도체를 활용한 자기부양과 관련된 내용이었습니다. 이 부분을 읽으며 '앞으로 전기공학도가 되어 내가 연구하여 실용화시킬 수 있는 부분은 무엇일까?'라는 고민을 하게 되었습니다. 저는 많은 고민을 하였고 그 과정에서 전기공학도라는 제 꿈을 더욱 구체화할 수 있었으며 꿈을 향한 의지를 더욱 다질 수 있었습니다.

○ 사례 (2)

1. 지원동기와 진로계획을 중심으로 우리 대학교가 특기자전형에서 지원자를 선발해야 하는 이유에 대해서 띄어쓰기를 포함하여 1,000자 이내로 기술하여 주십시오.

1학년 때, 학교에서 '윤리'를 주제로 한 논술 특강을 들으면서 '나는 누구인가'에 대한 의문이 들었던 적이 있습니다. 여러 날을 고민했고, 그 고민의 답은 '나'를 알기 위해서는 내 정신, 내 마음을 먼저 알아야 한다는 것이었습니다. 나의 전부를 다스리는 정신, 마음 자체에 대한 근본적인 이해 없이 이루어지는 그 이상의 논의는 무의미하게 느껴졌기 때문입니다. 그때부터 '정신의 근원이 무엇일까, 생물의 적응과 진화에 있어서 마음은 어떤 역할을 하며, 어떻게 환경과 상호작용할까'에 대한 답이 궁금해졌습니다.

대학 입시와 학교생활에 대한 스트레스로 정신을 놓는다는 것이 무엇인지, 그 문턱까지 가 본 경험은 친구들의 고민과 사람들의 정신적인 충격을 무시할 수 없게 만들었습니다. 여기에 더해, 멘토 활동을 할 때 수줍음 많던 멘티가 먼저 말을 걸 때까지 기다리고, 시간이 흘러 멘티가 고민을 하나 둘 이야기할 때, 그 고민을 듣고 공감하고 함께 고민한 과정은 저에게 놀라운 경험이었습니다. 이러한 경험들은 제가 '정신과 의사'를 하면 잘 할 수 있을 것 같다는 생각을 들게 했습니다. 수학과 과학에 대한 흥미가 많아 계속 공부를 해보고 싶다는 생각도 있었지만, 저의 마음이 보다 강하게 바라는 '정신과 의사'가 되기 위해 온 마음을 다해 노력하겠습니다.

학교 자율학습 시간에 친구들의 고민을 듣다 선생님들께 혼난 적이 한두 번이 아니었던 만큼, 앞으로는 정신과 의사에 대한 간절한 바람으로 마음껏 사람들의 힘든 마음을 함께 나누고 싶습니다. 더불어 정신과 마음, 뇌에 대한 깊은 이해와 치료법 개발을 위한 기초 연구에도 힘쓰고 싶습니다. 연구 시 좀 더 심오하고 다각적인 접근을 위해 예과 시절에 기초과학과 프로그래밍 공부에 힘쓸 것입니다. 또한 실력 있는 정신과 의사가 되기 위해 다양한 사회 활동에 참여할 것이며 풍부한 독서를 통하여 사람들의 마음을 더욱 잘 공감하고자 노력할 것입니다. 점점 늘어나는 다문화 가정에 대한 이해도 높일 것입니다.

2. 지원한 모집단위에서 공부하기 위하여 고등학교 재학기간 동안 어떤 노력들을 기울여 왔는지에 대해 학업능력, 특기능력, 모집단위 관련 활동(자유전공학부 지원자의 경우 다양한 학문적 관심) 등을 중심으로 구체적으로 기술하여 주십시오(띄어쓰기를 포함하여 1000자 이내).

(고등학교 재학경험이 없거나, 졸업한 지 오래된 경우에는 최근 3년간의 활동을 중심으로 기술하면 됩니다.)

세상의 모든 일이 그렇듯이 공부 또한 노력한 만큼 결과가 나온다고 생각하고 열심히 노력했습니다. 특히 기본을 충실히 하기 위해 애썼습니다. 하나의 주제를 배우면, 정의부터 시작하여 기초적인 이론, 이론들 사이의 상관 관계, 그 이론이 어떻게 발견되었는지(예를 들어, 과학의 경우 실험으로 도출된 결과인지, 이론적 결과인지)까지, 전체의 내용을 하나의 논리적인 흐름으로 엮어나가면서 공부하였습니다.

한 예로, 처음 미적분을 접하였을 때는 미분이 무엇인지, 적분이 무엇인지 개념이 정확하게 이해되지 않았습니다. 그 길로 도서관에 있는 미적분에 관한 책을 모두 찾아보고 정의를 이해하고 정리 하나하나를 증명해 개념을 이해한 후에야 다른 문제들을 풀어 나갈 수 있었고, 이는 이후에 선택심화과목으로 미분과 적분을 배울 때나 이를 이용해 좀 더 깊은 접근을 할 때 큰 도움이 되었습니다. 그러나 이러한 공부 방법은 직접 책을 찾아보고 인터넷 검색을 통해 정보를 얻고 혼자 곰곰이 생각해 보아야 하기 때문에 시간이 많이 걸려, 시험 공부할 시간이 부족할 경우에는 전체 범위를 꼼꼼하게 정리하지 못해 2등급을 받기도 했지만, 과학 과목에서는 평균 등급 1.0의 성과를 거둘 수 있었습니다. 학교수업을 따라가며 이러한 공부를 꾸준히 해왔기 때문에, 미적분학, 일반물리학, 일반화학, 일반생물학 수준 이상의 실력, 올림피아드 수상자에 뒤지지 않을 만큼의 실력을 갖추었습니다. 화학 과목의 경우 쉽게 이해되지 않는 부분이 많아 겨울방학 동안 UP 과정(한양대학교)을 통하여 일반화학을 수료하였습니다.

학업에만 힘쓴 것이 아니라 학급 반장, 동아리 활동, 연구 활동, 봉사 활동 등을 통해 사회 구성원으로서 일정한 역할을 함과 동시에 이러한 활동을 통해 폭넓고 깊은 사고를 할 수 있도록 노력하였습니다. 또한, 정신과 뇌에 대한 호기심을 충족하고 정신과 의사라는 진로에 대한 정보를 얻기 위해, "2007 세계 뇌 주간" 행사 강연과 WISE에서 주최한 '신경과학, 다학제 접근, 그리고 여성'을 주제로 한 여성과학자 초청 멘토 특강에 참여하여 적성과 흥미를 확인해 보고, 직업에 대한 이해도를 높일 수 있었습니다.

3. 가정환경(성장과정, 생활여건 등), 학교 및 지역 환경, 고등학교 시절에 겪은 어려움 등 자기소개에 도움이 될 만한 사항이 있는 경우, 그 내용을 구체적으로 기술하여 주십시오(띄어쓰기를 포함하여 1000자 이내).

(소년 · 소녀 가정의 경우, 반드시 지방자치단체에서 발행한 소년 · 소녀 가정확인서를 제출하여야 합니다.)

어머니께서는 혼자서 공부하는 힘을 기르는 것이 중요하다고 생각하셔서 자기 주도적 학습을 강조하셨고, 자기일은 자기가 스스로 알아서 해야 한다는 생각을 가지고 있으십니다. 덕분에 스스로 공부하는 습관을 가질 수 있었고, 공부뿐만 아니라 생활하는 데 있어서 모든 일을 주체적으로 계획하고 실행에 옮길 수 있었습니다. 미래에 대한 계획 또한 순전히 스스로의 고민으로 결정해야만 했습니다.

그러나 제가 처한 지역 사회는 교육 특구라 불리는 서울 ○○○와 지리적으로 가까움에도 불구하고, 교육에 대한 관심이 상대적으로 낮기 때문에 입시에 대한 정보를 접하기가 다소 힘든 편입니다. 이는 물리홍보대사 활동이나 한양대학교 UP 과정에서 만난 친구들의 이야기를 들어보면 더욱 잘 알 수 있습니다. 가령, UP 과정의 경우 제가 인터넷에서 우연히 발견하고, 담임선생님께 말씀드려 추천서를 받아 신청한 것과 달리 대부분의 다른 학생들은 학교에 내려온 공문을 통하여 선생님의 권유로 신청했다고 합니다. 지역별, 고교별 경시대회 또한 제가 속한 학교와 지역에는 존재하지 않았기 때문에, 이러한 경험을 통해 저를 단련할 수 있는 기회가 적었습니다.

인터넷을 통한 정보 검색에도 한계가 있기 때문에, 결국 제가 처한 환경에서 열심히 생활하는 것이 최선의 방법이라 생각하고, 학교수업과 수능 공부에 주력하면서 다양한 독서를 병행했고, 동아리 활동, 멘토링 봉사 활동, 학급 반장, 대학과목선이수제 등 스스로의 능력으로 가능했던 비교과 활동에 힘썼습니다. 동아리 활동의 경우, 개인적인 욕심이 앞서 친구들과 의견을 조율하느라 마찰도 많았지만 진정한 리더란 구성원들의 의견을 바탕으로 조직을 효율적으로 이끌어 나가야 한다는 것을 깨달을 수 있었던 소중한 경험이었습니다.

4. 교내·외 활동 중 대표적인 활동을 5개 이내로 기술하고, 이런 활동이 지원자에게 어떤 의미가 있었는지 기술하여 주십시오(띄어쓰기를 포함하여 각 활동별로 250자 이내).

(봉사활동을 포함하여 지원자의 임원활동, 동아리 활동, 연구 활동 등을 기재하고, 학교생활기록부에 기록되어 있지 않은 내용은 반드시 증빙서류를 첨부해야 합니다. 단, 연구 활동, 작품 출판 등은 학교생활기록부에 내용이 기재된 경우에도 해당 원본을 제출하십시오.)

1) 매주 토요일 저소득층 중학생 멘토링(봉사 활동)
어린 시절 상처로 인해 말이 없던 멘티가 마음을 열고, 먼저 말을 걸어올 때까지 따뜻한 마음으로 기다렸으며, 어느 순간부터 함께 고민을 나누는 저의 모습을 보면서 느낀, 말로 표현할 수 없는 감정은 정신과 의사라는 저의 진로에 대해 보다 깊이 고민하는 기회가 되었습니다. 기초 학습을 도왔고, 중학교 때부터 이어진 동아리 활동에서 익힌 간단한 실험 활동을 같이 하였으며, 공부방을 통한 연결이 중단된 이후에도 지속적인 만남을 이어가고 있습니다.

2) 교내 환경·과학 동아리 '○○○' 활동
부회장의 자리에서, 회장과 함께 주제 탐구 활동, 교내 과학 한마당 행사, 공정무역거래 홍보 캠페인 등의 동아리 활동을 이끌어 나감으로써 실질적인 행사 기획력, 추진력을 기를 수 있었습니다. 활동할 때마다 겪은 크고 작은 시행착오를 통해 리더의 자세와 역할에 대해 생각하며 리더로서의 자질을 키울 수 있었습니다. 폭넓은 선후배 관계를 통해 함께하는 생활을 배웠으며, 효율적인 팀워크와 토론, 회의에 대한 경험도 쌓았습니다.

3) 한양대학교 대학과목선이수제 일반화학 1, 일반화학실험1 이수
화학에 대한 이해도를 높이는 것을 목적으로 수강하였으며, 새롭게
경험하는 학문에 시간가는 줄 모르고 공부했습니다. 하루는 때를
놓쳐 밥도 못 먹고 심한 생리통에도 불구하고 새벽 시간까지 공부
하다가 기숙사 경비 아저씨가 주무시는 바람에 2시간 동안 추위
속에서 떨기도 하는 등 열심히 노력하여, 두 과목 모두 A0의 학점
을 받았습니다. 집에서 떨어져 홀로 기숙사 생활을 하면서 혼자 생
각하는 시간을 많이 가질 수 있었고 이는 내적 성숙의 기회가 되었
습니다.

4) WISE 미리가본실험실 참여, 전국여고생연구발표대회수료
연구실에서의 생활을 경험해 보았습니다. 실제 실험에 쓰이는 실험
기구들을 다루면서 생물학 책에서 그림으로만 이해했던 실험들을
손으로 직접 해봄으로써 막연하기만 했던 생명공학을 피부로 느낄
있었습니다. 첫날엔 실험실 생활이 낯설어 힘들기도 하고 겁도 났
었지만 6일간의 실험을 통해 여러 방면에서 많이 배울 수 있는 기
회였습니다. 발표 대회에서는 전국 각지에서 학생들이 수행한 창의
적인 연구들을 보면서 한 수 배웠고 생각을 넓힐 수 있었습니다.

5. 자신이 읽었던 책들 가운데 가장 인상 깊었던 책 3권을 선택하고, 그 책을 선택한 이유를 기술하여 주십시오(띄어쓰기를 포함하여 각 도서별로 500자 이내).

1) 프린키피아의 천재(리처드 웨스트폴 지음/최상돈 옮김, 사이언
스 북스)
F=ma의 근원이 궁금하여 읽게 된 뉴턴의 전기입니다. 뉴턴의 삶의
행적, 그의 당시 생각을 따라가다 보면, 그가 도출해낸 결론의 끝
을 볼 수 있을 것이라 생각했기 때문입니다. 하지만 저는 이 책에
서, 그보다 더욱 중요한 것을 얻을 수 있었습니다. 한때, 이해가 빠
르고 새로운 발상을 잘하는 친구들을 보면서 '이래서야 내가 공부
로 살아남을 수 있을까' 하는 나약한 생각을 가졌었는데, 뉴턴의
학문 탐구에 대한 태도를 통해 학문 탐구의 자세와 삶의 자세에 대
하여 다시 한 번 생각할 수 있었습니다. 저의 학문 탐구 방법과 뉴
턴의 탐구 방법의 유사함을 통해 자신감을 가질 수 있었고, 뉴턴이
신의 생각을 엿보기 위해 보여준, 신이 감동할 만한 노력과 근면함

앞에서 겸손을 배울 수 있었습니다. 남보다 두세 곱절 더 노력하였다는 히로니카 헤이스케 또한 보여주듯이, 모든 일에 있어 중요한 것은 자신이 얼마나 노력하느냐 임을 깨달았고, 이를 바탕으로 더 큰 꿈을 가질 수 있었습니다.

2) 더불어 숲(신영복, 중앙 M&B)
중학교 3학년 때, 저는 청소년 물리홍보대사 활동과 더불어 한창 물리 공부에 푹 빠져, 노벨 물리학상을 받아 세계 최고의 물리학자가 되겠다는 당찬 포부를 가지고 있었습니다. 이때, 저는 라틴아메리카인들의 노벨 문학상 수상 소감인 '그것은 결과일 뿐 문학적 탐구의 목적은 아니다'를 이 책을 통해 읽으며, 노벨 문학상은 문학적 탐구의 목적이 아니라는 것, 그것은 단지 부수적인 결과라는 교훈을 얻었습니다.
저는 주객전도의 상황이었습니다. 세계 최고라는 명성, 노벨상을 바라보며 물리 탐구를 행하였을 때, 과연 진실된 물리적 탐구가 이루어질 수 있을지 의문이 들었습니다. 중요한 것은 남에게 보이는, 겉으로 드러나는 어떤 결과가 아니라, 내가 그것을 함으로써 진정으로 추구하고자 하는 가치라는 것을 깨달았습니다. 이후 모든 일에 있어서 이 깨달음을 바탕으로 일의 방향을 정하려고 노력하고 있습니다.

3) 소설 의과대학(강봉우, 문학사상사)
학교 진입로에 위치한 하트 모양의 라일락 잎을 보며 얼마나 울고, 웃고, 다짐했는지, 얼마나 많은 말들이 마음속에서 오고 갔는지 모릅니다. 서울대 병원에 가득하게 풍긴다는 라일락 향기 때문이었지요. 라일락의 하트 모양 잎 때문에 생긴, 잎을 말아 깨물면 첫사랑이 이루어진다는 농담과, 그 쓰디쓴 잎의 맛이 첫사랑이라는 의미는 저에게 애틋하게 다가왔습니다. 쓰디쓴 잎의 맛이 서울대학교에 입학하기 위한 저의 노력을 의미하는 것처럼 느껴졌기 때문입니다. 도서관에서 우연히 발견한 이 책은 의대생과 의사들의 삶의 현장을 실감나게 제시하고 있으며, 서울대 의대와 병원에 대한 정보를 제공하여 저의 꿈을 더욱 확고하게 해주었습니다. 가슴 벅차게 다가왔던 이 소설은 라일락에 대한 이야기처럼 제가 힘들어할 때마다 마음을 기댈 수 있고, 함께 길을 걸어주는 친구와 같은 역할을 하여, 제가 여기까지 올 수 있도록 도와주었습니다.

○ 사례 (3)

1. 지원동기와 진로계획을 중심으로 우리 대학교가 특기자 전형에서 지원자를 선발해야 하는 이유에 대하여 기술하여 주십시오.

▶ 띄어쓰기를 포함하여 1,000자 이내로 작성해야 합니다.

지리산, 설악산, 속리산, 주왕산, 태백산…… 제가 어릴 적부터 가족들과 함께 여행했던 산의 이름입니다. 평소 산을 좋아하셨던 아버지께서는 주말이나 방학 때는 가족들과 함께 산으로 휴가를 가셨습니다. 산 정상에서 바라본 아름다운 경치와 산 속의 휴양림에서 숲의 여러 식물과 곤충들을 보고 채집했던 일은 아직도 기억에 생생합니다.

이렇게 자연에 대해 아름다운 기억만 가지고 있던 저는 고등학교에 올라와서 ○○강에서 쓰레기를 줍고 상류, 중류, 하류의 수질을 측정하고 그 오염원을 조사하는 동아리 활동을 하였습니다. 강가에 라면봉지나 종이컵 등이 떠다니는 모습을 보고 생물, 특히 식물이 얼마나 환경오염에 노출되어 있는지를 알게 되었습니다. 처음에는 강을 오염시키는 지역의 주민들에게 화가 났지만 한편으로는 이런 환경을 체계적으로 관리하고 보전할 필요성이 있다는 인식을 하게 되었습니다.

어렴풋이나마 그때부터 우리나라의 자연환경을 체계적으로 관리하고 그에 알맞은 정책을 연구하는 기관에서 일하고 싶다는 생각을 하였습니다. 조금 더 구체적인 진로를 정하기 위해 고민한 결과 가족과 많은 여행을 하면서 가지게 된 생각, 즉 사람들에게는 휴식과 자연체험의 공간이며, 자연 생태계의 주축인 산림환경을 보존하고 관리하는 일을 하기로 결심하였습니다.

점차 기술이 발달하고 도시화가 진행되면서 일상의 피로와 스트레스를 풀 수 있는 산림을 찾는 사람이 많아지고 있습니다. 따라서 산림자원을 잘 관리하고 보존하여 사람들이 질 높은 여가활동을 할 수 있도록 하는 일의 중요성이 커질 것이라고 생각합니다. 이처럼 미래의 발전 가능성이 큰 산림환경 분야에서 최고의 전문가가 되기 위하여 학부과정에서 '산림환경학'을 전공할 것입니다. 특히 산림자원관리 분야와 산림환경경영학 등을 중점적으로 공부하여 환경부에서 제가 하고 싶은 일을 해 나갈 것입니다.

이렇게 확실한 동기와 진로계획을 가진 제가 특기자 전형으로 서울대학교에 진학한다면 저의 능력을 마음껏 대한민국을 위해 쓸 수 있을 것입니다.

2. 학업능력이나 특기능력을 중심으로 지원 모집단위와 관련하여 어떻게 노력해 왔는지 기술하여 주십시오.

▶ 고등학교 재학경험이 없거나, 졸업한 지 오래된 경우에는 최근 3년간의 활동을 중심으로 기술하면 됩니다.

▶ 띄어쓰기를 포함하여 1,000자 이내로 작성해야 합니다.

'남과 나를 비교하지 말고 오늘의 나와 어제의 나를 비교하자'라는 한비야 씨의 말을 좌우명으로 삼아 조급해 하지 않고 구준히 서울대학교 특기자 전형을 준비하였습니다.

우선 '산림과학부'에서도 특히 산림환경학과는 생물학, 사회과학, 공학 분야가 모두 어우러진 융합적인 학과이므로 전공 관련 핵심교과는 자연과학과 사회, 수학이라고 생각합니다. 그래서 저는 고교시절 과학교과, 사회교과, 수학교과의 교과 성적을 높이기 위해 노력하였습니다. 특히 생물 분야와 수학분야에서는 점진적인 상승을 하여 생물교과는 3학년 1학기 전교 1등을 하였고 교내경시대회에서 2년 연속 최우수상(1위)을 수상하였습니다. 수학교과 역시 1등급으로 상승하여 학업우수상을 수상하였습니다.

그리고 환경에 대한 이해를 높이기 위해 2학년 때는 습지(창녕 우포늪, 정족산 및 천성산 습지)를 찾아다니며 직접 늪을 체험하고 환경정화시설도 방문하였습니다. 이러한 활동 외에도 전문적인 환경지식을 공부해 ○○광역시 환경골든벨에서 입상하였고, 과학체험학습(과학관련 행사, 과학실험, 강연회 등)과 동아리 연구 활동, 과학경진대회 참가 등을 통해 창의적인 사고력을 기르려고 노력하였습니다.

또한 전공분야 전문가가 되는데 필요한 봉사정신과 지역을 생각하는 마음을 함양하기 위해 많은 관심과 시간을 투자하였습니다. '과학 봉사반'과 '○○○' 소속으로서 지역의 환경개선을 위해 태화강에서 쓰레기를 주웠고 지구온난화 원인을 조사하여 깨끗한 환경보전을 위한 연구 활동도 하였습니다. 게다가 지역아동센터를 방문하고 ○○과학축전과 '열려라 화학세상'이라는 행사에서 과학실험을 직접 해 주며 어린이들이 흥미와 호기심을 가지고 과학을 대할 수 있도록 하였습니다.

끝으로 영어와 일본어 교과목의 공부도 열심히 하여 전 세계의 산림자원을 폭넓게 이해하고 국제적인 환경문제에 효율적으로 대처할 수 있는 글로벌 인재가 되기 위한 소양을 갖추었습니다.

3. 교내·외 활동 중 가장 의미 있다고 생각하는 활동을 5개 이내로 기술하여 주십시오.

▶ 학교생활기록부에 기록되어 있지 않은 내용은 반드시 증빙서류를 첨부해야 합니다. 단, 연구 활동, 작품 출판 등은 학교생활기록부에 내용이 기재된 경우에도 해당 실적물(또는 원본 대조필한 사본)을 제출하십시오.

▶ '의미 있다고 생각하는 이유'는 각 활동별로 띄어쓰기를 포함하여 500자 이내로 작성해야 합니다.

1) ○○봉사단 '과학 봉사반'
○○봉사단 과학 봉사반으로 활동한 경험은 제 고등학교 생활에서 아주 의미가 있는 경험이었습니다. 학교에 다니면서 학업뿐만 아니라 다양한 체험 활동과 봉사 활동을 할 수 있었기 때문입니다. 특히 학년마다 주제를 정해 1학년 때는 ○○○ 환경정화활동과 수질오염실태조사를 하였고 2학년 때는 ○○ 주변 생태습지 체험과 지구온난화 원인을 조사하는 활동을 하였습니다. 이러한 활동 경험은 제가 지역 환경에 대해 더 실제적으로 이해하고, 환경 분야 일을 해나가겠다는 결심을 한 계기가 되었습니다.

2) ○○○ 과학탐구반
고등학교 생활 중 가장 흥미 있었던 활동은 '○○○' 동아리 활동이었습니다. 저는 고등학교 과학 수업은 이론 위주라 조금은 지겨울 것 같다고 생각하였습니다. 하지만 ○○○은 저에게 축제나 축전 준비를 하면서 다양한 실험을 직접 해 볼 수 있는 기회를 주었고 여러 과학 관련 체험활동 즉 화학시험연구소 견학, 상하수도처리시설, 보건환경연구원 견학을 통해 과학에 대한 흥미와 관심을 키울 수 있게 해 주었습니다. 특히 축전과 축제에서 아이들이 제가 실험해 주고 설명해 주는 것에 신기해하고 기뻐하는 모습을 보면서 보람을 느낄 수 있었습니다.

3) 학급반장

중학교 3년 동안의 반장 경험을 바탕으로 고등학교 2학년 때는 반장으로서 리더십을 발휘하여 학급을 단합되게 이끌었습니다. 저희 반은 체육대회 때 반티를 맞춰 입고 신나게 '최강11반'을 외친 결과 응원상을 받았고, 국립평창수련원에서는 친구들이 제 지도에 잘 따라주어 가장 적극적인 활동을 한 반에게 주어지는 우수반 표창을 받기도 하였습니다. 반장으로서 저의 이러한 지도력과 리더십은 제가 국제사회에서 앞장서서 나아갈 수 있는 힘이 되어 줄 것입니다.

4) 제9회 YSC 온라인 과학탐구 대회

YSC온라인 과학탐구 대회를 통해 한 달간 '그린 홈에 적용 가능한 방안 탐구'라는 주제로 탐구 활동을 하였습니다. 조원들과 함께 협의하여 이끼를 이용한 중수처리장치를 고안해냈습니다. 구상단계에서는 아주 가능성이 있어 보였으나 실제 실험을 해보니 생각했던 바와 같이 실험 장치를 만들기도 어려웠고 여러 가지 변인들을 통제하는데 큰 어려움을 겪었습니다. 결국 실험은 만족스러운 결과를 얻을 수 없었고 실패를 맛보았습니다. 비록 성공적인 결과를 얻지는 못 했지만 조원들과 함께 한 달간 탐구를 하면서 팀워크의 중요성을 배웠고, 고등학교 생활에서 쉽게 경험할 수 없는 탐구활동을 해보며 정밀한 실험의 어려움에 대해 다시 한 번 생각해보게 되었습니다.

5) ○○방송 퀴즈만세

고등학교 1학년 때 ○○방송의 '퀴즈만세'라는 프로그램에 참가하였습니다. 그 당시 저는 수학 성적이 많이 떨어져 상심에 빠져 있었습니다. 그래서 대회에 나가서 얼마나 잘할 수 있을지 의심스러웠고 자신이 없었습니다. 하지만 제 걱정과는 달리 타 고등학교의 우수한 학생들과 퀴즈 대결에서 4번의 승리를 거두고, 장학금을 받는 쾌거를 거두었습니다. 이로 인해 저 역시 제 자신에 대해 다시 생각하게 되었고 자신감도 회복하였습니다. 이러한 자신감은 좌절을 딛고 학업성적을 향상시킬 수 있는 밑거름이 되었습니다.

4. 다음 주제 중 자신에게 해당하는 주제를 골라 구체적으로 기술하여 주십시오.

□ 특별한 성장과정이나 가정환경(생활여건 등)

□ 고등학교 시절 겪었던 어려움이나 좌절과 그것을 극복하기 위한 노력

□ 지금까지 가장 의미 있었던 경험(고교 재학기간이 아니어도 됨)

▶ 띄어쓰기를 포함하여 1,000자 이내로 작성해야 합니다.

고교과정 중 가장 어려움을 겪었던 교과는 수학입니다. 학교수업만 열심히 듣고 교과서 위주로 공부하였지만 1학년 1학기 수학 성적은 3등급이었습니다. 학문을 함에 있어 논리적 사고력을 키워주는 수학은 필수였기에 저는 좌절하였습니다.

많은 고민 끝에 저는 성적이 떨어진 이유가 수학을 깊이 있게 공부하지 않았기 때문이란 결론을 내렸고, 여름방학부터는 수학에 매진하였습니다. 우선 중간고사와 기말고사 시험지를 살펴보니 10-가, 특히 '정수'와 '나머지정리', '다항식의 약수와 배수' 단원 부분에서 많은 문제를 틀렸다는 것을 알았습니다. 그래서 교과서와 수학의 정석을 통해 10-가, 특히 '정수'와 '나머지정리', '다항식의 약수와 배수' 단원 부분 이렇게 10-가의 부족했던 부분을 정리한 후 2학기 때 성적을 잘 받기 위해서는 방학동안 예습이 필요하다고 생각하였습니다. 이때부터 일주일간 대학생인 형에게 '수학 10-나'의 개념을 배웠습니다. 그리고 독서실에서 하루에 '수학의 정석 10-나'를 3단원씩 풀었습니다. 처음 풀 때는 어려운 문제도 많아 2주일 정도 걸렸지만 두 번째는 잘 풀리지 않아 표시해 둔 문제 위주로 푸니 1주일밖에 걸리지 않았습니다. 방학동안 수학의 정석을 3번 복습하고 개학하여서는 학교수업 전 미리 교과서를 훑어보며 문제에 적용된 개념이나 원리를 떠올려 보았습니다. 그리고 수업시간에는 문제 하나마다 깊이 생각하고 정확하게 푸는 연습을 하였습니다. 뿐만 아니라 전날 공부하면서 모르는 문제는 단원별로 정리해 두었다가 점심시간이나 쉬는 시간을 이용하여 친구나 선생님께 물었습니다. 가령 기하학 부분의 모르는 문제는 따로 정리해 두었다가 기하학을 전공하신 수학선생님을 찾아가 자세한 설명을 들었습니다. 이러한 노력을 한 결과 2학기 수학 성적은 2등급으로 뛰어 올랐습니다. 그 후 더 열심히 하여 2학년 때부터는 수학 계열 1등급은 물론 이과 1등을 유지하며 수학에 대한 자신감을 회복하였고 1학년

때의 절망과 좌절에서 벗어날 수 있었습니다.

5. 자신이 읽었던 책 가운데 자신에게 가장 큰 영향을 미친 책을 순서 대로 3권 이내로 기술하여 주십시오.

▶ 읽은 시기와 상관없이(고교 재학기간이 아니어도 됨) 본인에게 가장 큰 영향을 미친 책을 선택하면 됩니다.

▶ '자신에게 미친 영향'은 단순한 내용 요약이나 감상보다는 처음 접한 시기, 읽게 된 계기, 선정이유, 책에 대한 긍정적 또는 부정적 평가, 이 책이 자신에게 미친 영향(변 화)을 중심으로 기술하면 됩니다.

▶ '자신에게 미친 영향'은 각 도서별로 띄어쓰기를 포함하여 500자 이내로 작성해야 합 니다.

1) 침묵의 봄(레이첼 카슨, 에코리브르)
이 책은 고등학교 2학년 때 시험이 끝나고, 수행평가를 대비하면서 본 책입니다. 작가는 무분별한 농약이나 살충제의 사용이 생태계는 물론 인간에게까지 피해를 입히는 모습을 구체적으로 제시하였습 니다. 당시 환경에 관심을 가지고 환경과 관련된 봉사활동을 하던 저는 이 책을 읽고 다시 한 번 환경오염의 심각성에 대해 생각해 보게 되었습니다. 책을 통해 이제 더 이상 환경보호는 선택이 아니 라 필수란 것을 알았고, 자연환경을 잘 관리하고 보존하여 책의 내 용과 같은 무서운 일들이 일어나지 않도록 해야겠다는 생각을 가 질 수 있었습니다.

2) 식물이 시끌시끌, 동물이 뒹굴뒹굴(닉 아놀드, 주니어 김영사)
제가 이 책을 처음 접한 것은 중학교 3학년 생일이었습니다. 생물 공부가 어렵다고 불평하던 저에게 형이 생일 선물로 준 이 책을 통 해서, 어려서부터 막연하게만 가져오던 과학에의 꿈을 생물로 구체 화하게 되었습니다. 중학생도 읽기 쉽도록 내용이 어렵지 않아 부 담 없이 읽을 수 있었으며, 쉽고 흥미 있는 내용이 많았습니다. 비 록 얇고 간단한 책이었지만 이 책 덕분에 저는 더 이상 생물이 부 담스럽지 않게 되었고 전보다 더 친근하게 느껴졌습니다. 또한 생 물은 결코 외워야만 하는 암기과목이 아니라 조금만 관심을 기울인다면 평생을 바칠 만큼 매력적인 분야라는 것을 깨닫게 되었습니다.

3) 해인으로 가는 길(도종환, 문학동네)

고등학교에 입학하여 언어영역 공부를 하다가 도종환 시인의 담쟁이를 읽고 깊은 감동을 받아 구입하게 된 시집입니다. 특히 고등학교 3년간의 힘든 시기마다 도종환 시인의 시는 큰 힘이 되어 주었습니다. '길이 보이지 않는다고 경박해지지 않고 길이 보이기 시작한다고 요란하지 않았다. 그렇게 묵묵히 걸어갈 줄 알았다', '산 벚나무'라는 시의 한 구절입니다. 학업에 지치고 마음이 약해질 때면 '산 벚나무'를 읽었습니다. 풍경을 조용히 머릿속에 그려보며 차분한 마음으로 다시 집중하였고, 성취에 자만하지 않고 실패에 좌절하지 않는 마음가짐을 상기시켰습니다. 수학 성적 때문에 힘들어할 때 '처음 가는 길'을 읽었습니다. '아무도 가지 않은 길은 없다', '두려워 마라. 두려워하였지만 많은 이들이 결국 이 길을 갔다'고 말하는 시를 읽으며 겁먹거나 포기하지 않고 공부에 정진할 수 있었습니다. 학창시절, 힘든 순간마다 버팀목이 되어주고 풍요로운 감수성을 갖게 해 준 이 책은 앞으로도 저의 동반자가 될 것입니다.

○ **사례 (4)**

1. 지원동기와 진로계획을 중심으로 서울대학교가 지원자를 선발해야 하는 이유에 대하여 기술하여 주십시오.

▶ 띄어쓰기를 포함하여 1,000자 이내로 작성해야 합니다.

저는 어렸을 때부터 우리나라에서 전해져 오는 민담, 전설 등 옛이야기에 많은 관심을 두고 있었습니다. 성장해 나가면서도 옛이야기를 좋아하는 경향은 사라지지 않아서, 무영탑, 마의태자, 아랑의 정조같이 옛이야기에 기반을 둔 소설을 좋아했고, 모의고사를 풀 때도 고전소설에서 새로운 지문이 나오면 기뻐했습니다. 하지만 저와 달리 주변 친구들은 옛이야기를 따분하게 생각했습니다. 저는 그것이 안타깝게 느껴졌습니다. 그래서 저는 친구들이 왜 옛이야기를 따분하게 생각하는지에 대해서 고민해 보았습니다. 고민 끝에 저는 친구들이 옛이야기를 싫어하는 것은 읽기 어려운 문투와 많은 한자어 그리고 권선징악과 같이 눈에 보이는 결말 때문이라는 결론을 내렸습니다. 그렇다면 그것만 고친다면 친구들이 옛이야기를 좋아할 수 있을 것입니다. 그래서 저는 현대적인 옛이야기를 쓰기로 마음먹었습니다. 즉, 옛이야기의 형식을 바탕으로 친숙한 문투와 뻔한 결말을 탈피한 이야기를 쓰는 것입니다. 그런데 그런 글을 쓰려니 제가 생각보다 옛이야기에 대한 지식이 부족한 것을 깨닫게 되었습니다. 아는 작품도 교과서에 나오거나 문제에 출제되는 정도에 그쳐 적었고, 그 작품에 대해 확실히 아는지도 확신할 수 없었습니다. 그래서 저는 글을 쓰기 위해서는 공부가 필요하다고 생각하게 되었고, 학과에 대한 조사 끝에 그 공부를 할 수 있는 곳이 바로 국어국문학과라는 것을 알게 되었습니다.

서울대학교 국어국문학과는 존경하는 소설가이신 박완서 선생님이 다니신 곳인데다, 서울대학교에서 공부를 한다면 저의 사고능력이 길러질 것이라는 확신이 들었습니다. 저는 서울대학교에서 한국고전산문강독, 한국현대소설론, 한국고전문학사, 한국현대문학사, 한국고전소설론 등을 들으며 우리나라의 고대에서 현대에 이르는 문학사와 문학의 특징을 살펴보고 그것을 토대로 앞으로 제가 어떻게 글을 써야 할지 연구하고자 합니다. 열심히 공부하여 고전을 따분하게 생각하는 사람들이 고전을 좋아할 수 있도록 만드는 작가가 될 수 있도록 노력하겠습니다.

2. 고등학교 재학 중에 지적 호기심을 가지고 학업능력을 향상시키기 위해 노력한 내용을 기술하여 주십시오.

▶ 고등학교 재학경험이 없거나, 졸업한 지 오래된 경우에는 최근 3년간의 활동을 중심으로 기술하면 됩니다.

▶ 띄어쓰기를 포함하여 1,000자 이내로 작성해야 합니다.

저는 주로 학교수업에 충실하게 참여하고 어떤 과목이든지 소홀히 하지 않으려고 노력했습니다. 기본적으로 수업시간에 선생님의 말씀에 집중했으며, 선생님의 질문에 모두 대답할 수 있도록 노력했습니다. 그리고 수업시간에 배운 것은 그날 야간 자율학습 시간에 복습하며 되새겼습니다. 그중에서 언어와 사회 과목은 독특한 방식으로 했습니다.

저는 언어에서 문학보다 비문학에 약했습니다. 그에 대해 걱정이 많자 3학년 때 담임선생님께서 그에 대한 해결책을 제시해주셨습니다. 선생님께서 가져오신 책은 ○○○ 비문학 시리즈였는데 책의 내용이 수준 높고 긴 지문들로 이루어져 있었습니다. 선생님께서는 그 책을 단락별로 요약하고 주어진 문제를 풀어보라고 하셨습니다. 저는 선생님의 말씀에 따라 하루에 2~3개 지문을 단락별로 요약했습니다. 그 지문들이 수준 높았기 때문에 사고력이 길러질 수 있었고, 그보다 쉬운 대부분의 지문들은 쉽게 이해할 수 있게 되었습니다. 그 결과, 4월과 6월 모의고사에서 언어 100점이란 성과를 거둘 수 있었습니다.

저는 사회 과목에 있어서 특정한 사실을 이해하는 데 어려움을 겪곤 했습니다. 그럼에도 모의고사나 내신 성적은 항상 1등급이었기 때문에 그 문제를 대수롭지 않게 여겼습니다. 하지만 2학년 1학기 한국지리 과목에서 3등급이라는 결과에 충격을 받아 암기를 쉽게 할 수 있는 방법이 없는지 고민했습니다. 평소에 그림 그리는 것을 좋아했기에 글과 그림이 함께 있으면 더 쉽게 이해될 것이라고 생각했습니다. 그래서 고민 끝에 그림으로 이해하는 방법을 생각해냈습니다. 수업을 듣고 난 후 필기를 다시 정리하면서 그림을 그려서 내용 이해를 하였습니다. 그림을 그리는 데 다소 많은 시간이 걸렸지만, 그림과 필기한 내용을 연결하여 그림을 떠올리면서 내용을 이해하면서 2학기에는 1등급으로 다시 올릴 수 있었습니다. 또한 이제는 사회 과목에 대한 두려움도 떨칠 수 있었습니다. 3학년 때도 다소 이해하기 어려운 근현대사 과목을 이 방법으로 99점이라는 결과를 얻을 수 있었습니다.

3. 학내·외 활동 중 가장 의미 있다고 생각하는 활동을 3개 이내로 기술하여 주십시오.

▶ 학교생활기록부에 기록되어 있지 않은 내용은 반드시 증빙서류를 첨부해야 합니다.

▶ '의미 있다고 생각하는 이유'는 각 활동별로 띄어쓰기를 포함하여 700자 이내로 작성해야 합니다.

▶ '활동기간' 및 '활동횟수' 기재 예시: 2010년 3월~2011년 5월 주2회, 2010년 3월 2일~2010년 3월 20일/활동횟수(수시), 2009년 4월 20일/활동횟수(1회)

1) ○○ 재활원 봉사 활동
○○ 재활원은 저희 학교와 자매결연한 곳이라, 봉사활동을 많이 가고 있습니다. 저는 봉사활동을 갈 곳이 없었기 때문에 학교에서 많이 가는 그곳에 가게 되었습니다. 저는 평소에 정신지체 장애인

에 대해 편견을 가지고 있었기에 처음에 버스 안에서 긴장했습니다. 그러나 도착했을 때 만난 재활원 사람들은 그 편견과는 달랐습니다. 사납지 않았고, 그냥 말을 잘 하지 못하는 사람들 같았던 것입니다. 그러나 제가 소심한 성격이기 때문에, 먼저 말을 걸기는 쉽지 않았고 어색한 분위기가 감돌았습니다. 그 뒤로도 계속 봉사활동을 갔지만, 그 어색한 분위기만은 없어지지 않았습니다. 주변의 다른 아이들은 재활원 사람들과 자연스럽게 대화를 나누고 어울리는데 저만 어울리지 못하는 기분은 참혹했습니다. 제가 심한 편견을 가진 사람처럼 느껴졌고, 제 자신이 싫었습니다. 재활원 사람들이 이상하게 행동하는 것도 아니고, 저를 피하는 것도 아닌데 저는 자연스럽게 행동하지 못하는 것입니다. 그런 제가 부끄러웠기 때문에 저는 그곳에 더욱 성실히 봉사활동을 갔고, 익숙해지려 노력했습니다. 하지만 부끄럽게도 저는 아직 자연스럽게 행동하지 못합니다. 앞으로도 그곳에 더욱 자주 가서 제 뿌리 깊은 편견을 없애기 위해 더 노력해야 할 것을 절실히 느낄 수 있었습니다.

2) ○○ 백일장
저는 1학년 때 부모님의 기대와 현실 때문에 작가의 꿈을 포기하고 있었습니다. 하지만 개운 백일장은 제가 마음 한켠에 꿈을 지킬 수 있도록 도와주었습니다. ○○ 백일장에 참여한 것은 버리지 못한 미련 때문이었습니다. 글제는 소망, 가족, 선물 등이 있었는데, 저는 그중에서 '소망'을 택했습니다. 저는 소망에 대해 글을 하나 생각해냈지만 변변치 못한 글이었기에 과감히 버렸습니다. 다음으로 생각난 것이 처용의 소망에 관한 것이었습니다. ○○에 살아서 ○○에 대한 이야기를 많이 들었기 때문에 생각난 것일지도 모릅니다. 저는 ○○이 소망하는 것이 아내와 다시 사랑하는 것이라는 가정을 하고 그 글을 썼습니다. 글이 생각보다 짧고 모자란 점이 많았지만 시간이 모자라서 어쩔 수 없이 내고 왔습니다. 완성도가 낮았기에 상을 기대도 하지 않고 있었는데, 저에게는 만족할 수 있는 상인 참방을 수상했습니다. 말석이기는 하지만 제가 전혀 가능성이 없는 것은 아니란 것을 보여주었습니다. 어떻게 보면 ○○ 백일장 참가는 부모님과의 많은 대화를 통해 부모님의 생각을 바꾸도록 설득하고, 제 희망을 잃지 않을 수 있는 계기가 되었습니다.

3) 교내 토론대회
저는 고등학교에 입학했을 때부터 줄곧 논술반에서 논술 실력을 길렀습니다. 논술반에서는 논술을 쓰는 것뿐만이 아니라 토론하는 법도 배웠는데, 논술반 내에서만 토론을 할 뿐 외부에서 실력을 발휘할 수 없어서 안타까웠습니다. 그런데 2학년 말에 교내 토론대회가 있다는 소식을 알게 되었습니다. 저는 논술반에서 함께 팀을 이뤄 활동한 적 있던 ○○와 짝을 이루어 대회에 나갔습니다. 예선은 논술 쓰기였습니다. 주제는 낙태였는데, 저희 팀은 아직 생명의 여부가 불확실한 태아보다는 여성의 권리를 소중히 하자는 찬성을 택했습니다. 만일 본선에 진출한다면 제가 읽게 될 글을 써야 했기 때문에 제가 쓴 글을 ○○가 고쳤습니다. 저희 팀은 예선에서 합격했는데, 본선에는 찬성 2팀, 반대 2팀으로 4팀이 진출했습니다. 저와 ○○는 그중 1학년 반대팀과 토론하게 되었습니다. 토론은 상대팀을 존중하면서도 주장을 확고히 펼치면서 이루어졌습니다. 태아를 생명으로 인정하는 시기에 관한 자료가 엇갈려 상대팀의 주장에 당황할 때도 있었지만, 침착하게 대답할 수 있었습니다. 날카로운 공방 끝에 진이 빠지기는 했지만 제 실력을 어느 정도 드러낼 수 있어 흐뭇했습니다. 토론대회에서 제 의견을 분명히 표현할 수 있었지만, 미숙한 면도 보여 제가 현재 실력에 자만하지 않고 더 열심히 실력을 쌓으려 노력하는 계기가 되었습니다.

4. 다음 주제 중 자신에게 해당하는 주제를 선택하여 구체적으로 기술하여 주십시오.

□ 자신의 장단점이나 특성
□ 특별한 성장과정이나 가정환경(생활여건 등)
□ 고등학교 시절 겪었던 어려움과 그것을 극복하기 위한 노력
▶ 띄어쓰기를 포함하여 1,000자 이내로 작성해야 합니다.

고등학교 올라와서 처음 진로 조사를 할 때, 저는 작가가 되고 싶다고 적을 수 없었습니다. 주위의 기대가 너무 컸기 때문입니다. 고등학교에 올라와서 얻게 된 전교 1등이라는 명칭은 버거웠습니다. 주변에서는 제가 경영학과에 가는 것을 원했습니다. 작가라는 직업은 성공을 보장할 수 없었기 때문에, 저는 지레 겁먹고 작가라는 꿈을 포기하기로 했었습니다. 대신에 저는 주위에서 권하는 길을 가기로 했습니다. 장래희망에 경제학자, 금융인을 적었고 주위 친구들에게도 경영학과를 가고 싶다고 말했습니다. 경제 시험을 치

고 경제 서적을 읽으며 경제를 배우는 것을 좋아한다고 되뇌었습니다. 하지만 저는 경제라는 과목을 진심으로 좋아할 수 없었습니다. 저는 글을 쓰고 싶었고, 경제학자가 되고 싶다고 말하는 것은 그것이 되고 싶은 사람들에게 모욕이 된다는 생각이 들어 부끄러웠습니다.

저는 제 마음을 속인 대가로 끊임없이 괴로워했습니다. 저는 더 이상 스스로를 속이기 싫었습니다. 그래도 그때까지 숨겨왔던 제 꿈을 바로 말하기는 두려웠습니다. 그래서 저는 부모님들께 작가가 되고 싶다는 뜻을 넌지시 비쳤습니다. 처음에 부모님께선 반대하셨지만 작가가 되고 싶다는 강한 의지를 표명하자 결국 허용해 주셨습니다. 친구들도 제가 작가가 되고 싶다 하자 처음에는 현실성이 있는 이야기인지 물었지만 잘되기를 빌어주었습니다. 결국 작가가 되지 못하게 막고 있었던 것은 남들의 기대가 아니라 주위의 시선을 걱정하는 제 마음이었던 것입니다.

그래서 저는 작가가 되기로 결심했습니다. 글 쓰는 것은 연습에 연습을 거듭해 나아지는 것입니다. 그런데도 저는 글 실력이 없는 것만을 탓하며 제가 진정으로 원하는 것을 회피해왔습니다. 저는 이제 제 꿈이 작가라고 말하는 것을 부끄러워하지 않습니다. 꿈은 부끄러워해야 할 것이 아닙니다. 저는 전망이 없는 길에 발을 딛는 것이 아닙니다. 저는 제가 원하는 길을 가는 것을 두려워하지 않아야 한다는 것을 보여주기 위해 앞으로 나아갈 것입니다.

5. 읽었던 책 중 자신에게 가장 큰 영향을 준 책을 순서대로 3권 이내로 기술하여 주십시오.

▶ 고등학교 재학기간 중에 읽은 책 중에서 선택해야 합니다.
▶ '선정 이유'에는 단순한 내용 요약이나 감상보다는 읽게 된 계기, 책에 대한 긍정적 또는 부정적 평가, 이 책이 자신에게 준 영향을 중심으로 기술하면 됩니다.
▶ '선정 이유'는 각 도서별로 띄어쓰기를 포함하여 500자 이내로 작성해야 합니다.

1) 무영탑(현진건, 교원)
무영탑은 석가탑에 얽힌 아사달과 아사녀의 전설을 바탕으로 쓰인 작품입니다. 평소에도 전설이나 민담 같은 옛날이야기에 관심이 많았기에, 도서관에서 무영탑을 발견하자 바로 빌리게 되었습니다.

소설은 대체적으로 개연성이 있고 마음에 드는 부분도 많았습니다. 주만의 아버지 유종이 주체적인 면모를 보인 것과 아사달의 장인 정신이 소설 내에서 가장 마음에 들었습니다. 그러나 인간의 심리에 관한 부분이 아쉬웠습니다. 다른 사람의 심리는 쉽게 이해되었지만, 주만이 아사달을 좋아한다는 이야기를 듣고 자신의 명예가 훼손되어도 그들을 보호해 주고 싶다고 한 경신의 심리는 이해되지 않았습니다. 무영탑 내에서도 경신이 싫은 속마음을 드러내기는 하지만, 그것을 겉으로 표현하지 않는 것은 현실성이 없다 여겨집니다. 그래서 저는 무영탑을 읽으면서 인간의 심리에 더 많은 관심을 가지고 전통을 현실적으로 구현한 작품을 쓰고 싶다는 생각을 했습니다.

2) 이웃집 살인마(데이비드 버스, 사이언스 북스)
이웃집 살인마는 친구가 인간 심리에 대해 과학적으로 접근한 책이라고 적극 추천해서 읽게 된 책입니다. 처음에 자극적인 제목과 표지 때문에 꺼려졌지만 책 내용을 읽으니 흥미로웠습니다. 이 책에서는 미치광이만 살인을 하는 것이 아니라고 주장합니다. 오히려 평범한 사람 중에 살인을 하는 사람이 많다고 합니다. 언뜻 들으면 의아하게 여겨질 수 있습니다. 하지만 이 책은 사회 진화론적 관점에서 그것이 사실임을 증명합니다. 이 책은 수많은 사례와 연구결과를 통해 작가의 주장이 타당함을 증명해 나갑니다. 그래서 책의 내용에 신뢰가 갔습니다. 이러한 심리학 서적은 인간의 심리를 파악하여 좋은 글을 쓰는 데에 도움을 줄 것입니다. 저는 이 글을 세익스피어의 오셀로와 연관 지어 생각하며 읽었는데, 오셀로의 내용이 이 작품에 나오는 유형과 비슷한 것 같아 역시 훌륭한 작품은 인간에 대한 연구를 바탕으로 쓰인다는 것을 알 수 있었습니다.

3) 제3인간형(안수길, 지학사)
제3인간형이 제게 의미 있게 받아들여진 것은 고등학교 3학년 때, 언어 300제를 풀 때였습니다. 1학년 때 독서평설에서 읽었지만 그때는 진로에 관한 고민이 없었기 때문에 그저 생각 없이 읽기만 했는데, 문제를 풀면서 다시 보니 제 고민과 통하는 점이 있는 것 같았습니다. 그래서 저는 집에 와서 제3인간형을 다시 읽어보았습니다. 다시 읽어보니 저는 제가 제3인간형의 석과 같은 삶을 살아왔고, 또 그런 삶을 살려고 하는 것을 알 수 있었습니다. 먹고 살기 위해서 하고 싶은 일이 아니라 해야 한다고 생각하고 그 때문에 일을 하면서 주위사람들에게 푸념을 늘어놓는 석의 모습은 저와 닮아 있었던 것입니다. 저는 이 작품에서 석의 모습을 닮아서는 안 된다는 것을 깨달았습니다. 미이처럼 자신의 사명을 따르며 살아야 하는 것입니다. 저는 앞으로 작가가 되면 석과 같이 현실에 파묻혀 꿈을 포기한 채 살지 않고 제가 하고 싶은 일인 글을 쓰는 것을 할 것입니다.

○ 사례 (5)

1. 지원동기와 진로계획을 중심으로 우리 대학교가 특기자 전형에서 지원자를 선발해야 하는 이유에 대해서 띄어쓰기를 포함하여 1,000자 이내로 기술하여 주십시오.

초등학생 시절, 당시에 한창 인기 있었던 TV 프로그램 중 '러브하우스'라는 소외된 사람들에게 새 집을 지어 주어 행복을 찾아주는 내용을 다룬 꼭지가 있었습니다. 이 프로그램을 보면서 어렸던 저의 눈으로 보면서도 벽이 갈라지고 습기가 차 곧 허물어질 듯한 집을 완전한 새 집으로 탈바꿈시키는 디자이너가 참 멋있다고 생각했습니다. 또한 새 집을 얻게 되어 환하게 웃는 사람들의 모습이 인상 깊었습니다. 이 같은 모습을 보면서 '이 다음에 커서 내가 지은 집에서도 사람들이 웃으면서 행복하게 살았으면 좋겠다'는 생각을 하게 되었고, 그것이 꿈이 되었습니다.

이때부터 항상 저의 장래희망은 건축가였습니다. 새로운 건축물, 새로운 공간을 현재 살고 있는 삶의 공간에 남길 수 있다는 것은 창조의 기쁨일 것입니다. 이런 매력을 간직한 건설환경공학부는 새로운 삶의 목표라고 할 수 있습니다. 철저한 계획과 면밀한 검토를 통해 기초를 다지는 하드웨어적인 시스템인 구조역학, 토질역학, 도로공학, 교통공학, 수자원공학, 환경공학 등을 운용하는 건설환경공학부, 도시라는 공간에 삶의 청사진을 그릴 수 있다는 것은 하나의 삶의 목표이며, 도전장을 던질 만큼 가치가 있습니다. 이를 위해 필요한 과목은 많겠지만 그중에서도 수학과 물리라고 생각합니다. 다행스럽게도 수학 과목에 흥미를 가지고 노력하는 저에게 훨씬 가능성이 많은 과라고 여겨졌습니다. 또한 수학적 끈기를 통해 다진, 쉽게 포기하지 않는 저의 힘은 분명 건설환경공학부의 예비자원으로 충분히 활용될 수 있으리라 생각합니다.

제가 서울대학교 건설환경공학부에 입학한다면 입학 전 새롭게 수학과 물리를 공부할 것입니다. 깊이 있는 공부보다는 문제 풀이 식 공부를 해왔기에 입학과 동시에 한계에 부딪히리라 여겨집니다. 그래서 진짜 편한 마음으로 수학책과 물리책, 그리고 영어책을 뜯어 보고 싶습니다. 진로는 교양 및 전공 기초를 다진 후 세부 전공으로 도시 계획 및 설계 쪽으로 잡고 싶습니다. 우물 안 개구리가 되지 않기 위해 해외 교환 학생도 도전해 보고 싶습니다. 대학원 과정에서는 사회 기반 쪽의 도시 계획 및 설계 분야 혹은 교통 분야 쪽을 깊게 공부해 보고 싶습니다. 이를 위해 지금은 많은 시간과 노력을 기울일 것입니다. 지금까지는 수학·과학 특기자 전형 자격을 갖추기 위해 노력했다면 이제 남은 시간은 건설환경공학도로서의 자격을 얻기 위해 노력할 것입니다. 끝까지 포기하지 않고 도전할 것입니다.

2. 지원한 모집단위에서 공부하기 위하여 고등학교 재학기간 동안 어떤 노력들을 기울여 왔는지에 대해 학업능력, 특기능력, 모집단위 관련 활동 등을 중심으로 구체적으로 기술하여 주십시오(띄어쓰기를 포함하여 1000자 이내).

(고등학교 재학경험이 없거나, 졸업한 지 오래된 경우에는 최근 3년간의 활동을 중심으로 기술하면 됩니다.)

어릴 적부터 다른 과목들보다 수학과 과학에 흥미가 많았습니다. 중학교 2학년 때 경험한 과학 실험 탐구 대회를 준비하면서 많은 실험을 통해 마침내 보고서를 완성했을 때 느낀 성취감은 고등학교에까지 영향을 미쳤습니다. 그리고 자연스럽게 자연계열로 진학했습니다. 자연계열로 진학 후에도 수학, 과학에 집중하여 좋은 성적을 유지할 수 있었습니다. 특히 수학은 전 학년 등급 평균이 1.19로 학기마다 교과 우수상을 빠짐없이 받았습니다. 그 결과 서울대학교 건설환경공학부에 지원할 수 있는 기회까지 얻었습니다.

과학 과목 중에서는 물리와 화학을 좋아하였는데 특히 고등학교 진학 후 예전에 느끼지 못했던 물리의 매력에 빠지게 되었습니다. 그러다보니 물리를 더 깊게 공부하고 싶었습니다. 그러나 여고의 여건상 물리 II를 심화 선택하지 않기에 정규수업은 물리 I 까지밖에 공부할 수 없었습니다. 그래서 2학년 때 저는 참고서와 EBS

강의로 물리 II를 혼자 공부했습니다. 혼자 공부해 나가면서 때로는 싫증이 나기도 하고 때로는 개념이 이해가 안 되어 며칠 동안 고민하기도 했습니다. 그래서 중간에 포기하고 싶었던 적도 있었지만 '끝까지 해보자'라고 저와 한 약속을 깰 수가 없어 이를 악물고 공부하여 물리 II 과정을 마쳤습니다. 하지만 3학년으로 진학 후 내신과 수능이라는 현실적 문제로 화학과 생물에 집중할 수밖에 없어 물리 공부를 제대로 하지 못했습니다. 혼자 공부하면서 느낀 것은 포기하지 않고 열정을 가지고 노력하면 반드시 이룰 수 있다는 것입니다.

공부, 체육대회, 경진대회 등등 모두 열정을 필요로 합니다. 교내 체육대회와 축제를 준비하면서 적극적으로 참여하여 종합 준우승, 축제 공연 최우수 학급상을 수상했습니다. 춤과 연극을 준비하면서 일치된 동작이 나오지 않아 많이 힘들어했지만 그러는 과정에서 친구들과의 우정을 돈독히 할 수 있었습니다. 또한 초등학교와 중학교 때 자격증을 따면서 익힌 컴퓨터 능력으로 고등학교 재학 중 교내 컴퓨터 경시대회에서 최우수상을 수상했습니다. 적극적이고 뜨거운 열정을 쏟았을 때 느껴지는 희열과 성취감은 또 다른 일에 대한 도전의지를 북돋아주는 계기가 되기도 했습니다.

수학과 물리, 화학 과목에 대한 흥미와 노력을 통해 서울대학교 건설환경공학도의 꿈을 가질 수 있었습니다. 환경에 대한 극복 의지와 열정으로 대학에 진학 후에도 부딪히게 될 많은 문제들에 포기하지 않고 적극적으로 도전하겠습니다. 적극적으로 포기하지 않는 도전의지와 뜨거운 열정이 건설환경공학부의 가장 필요한 자원이 되게끔 열심히 하겠습니다.

3. 가정환경(성장과정, 생활여건 등), 학교 및 지역 환경, 고등학교 시절에 겪은 어려움 등 자기소개에 도움이 될 만한 사항이 있는 경우, 그 내용을 구체적으로 기술하여 주십시오(띄어쓰기를 포함하여 700자 이내).

(소년 · 소녀 가장의 경우, 반드시 지방자치단체에서 발행한 소년 · 소녀 가장 확인서를 제출하여야 합니다.)

중학교 3학년, 사춘기와 진로 문제로 인해 방황을 한 적이 있습니다. 2살, 10살 터울의 동생이 2명 있는 저는 어린 시절 바이올린을 하고 싶었음에도 불구하고 집이 넉넉하지 못했던 까닭에 그만둘 수밖에 없었습니다. 그 이유가 동생들이 있기 때문이라고 생각한 저는 이러한 잘못된 판단 때문에 동생들이 미웠고 그에 따라 부모님도 미웠습니다. 이러한 과정을 겪으면서 저는 많은 것이 변했습니다. 본래 낯을 많이 가렸던 저는 더욱 벽을 쌓으면서 사람들을 쉽게 사귀지 못했고, 쉽게 화를 잘 내었습니다. 중학교 졸업식 때 저의 모든 상황을 알고 계셨던 중학교 선생님은 "그래도 선생님은 믿는다"라며 끝까지 저를 믿어주셨습니다. 그러나 오랫동안의 방황으로 진학하게 된 고등학교 생활은 처음에 정말 힘들었습니다. 과외를 할 형편이 안 되어 예습, 복습을 충실히 하며 모르는 것은 풀릴 때까지 매달리며 주체적으로 공부하기 시작했습니다. 누구를 위해서가 아니라 저를 위해서 공부하기 시작했으며 곧 예상하지도 못했던 결과가 시험 성적으로 나타나기 시작했습니다. 여기에서 자신감을 얻은 저는 모든 것을 쉽게 포기하지 않고 '하면 된다'는 생각으로 매달렸습니다. 그러는 동안에 저는 사춘기 전의 자존심과 승부욕이 강했던 모습을 되찾았고, 목표를 이루어 나가며 강한 성취감을 느꼈습니다. 성취감은 저의 적극적으로 참여하는 성격으로 변하게 하였습니다. 학급부회장을 맡으면서 교우관계의 폭을 넓혔고, 남 앞에서 계속 서는 과정에서 리더의 자질인 자신감을 기를 수 있었습니다. ○○정서장애아 어린이집이나 ○○재활원의 정기적인 봉사활동을 통해 배려와 기다림을 배울 수 있었습니다. 이런 과정들을 통해 나 하나만이라는 이기심에서 벗어나 나를 포함한 우리, 가족, 친구들, 이웃들을 살펴볼 수 있는 넉넉한 마음을 가질 수 있었습니다.

4. 교내 · 외 활동 중 대표적인 활동을 5개 이내로 기술하고, 이런 활
동이 지원자에게 어떤 의미가 있었는지 기술하여 주십시오(띄어쓰
기를 포함하여 각 활동별로 250자 이내).

(봉사활동을 포함하여 지원자의 임원활동, 동아리 활동, 연구활동 등을 기재하고, 학교
생활기록부에 기록되어 있지 않은 내용은 반드시 증빙서류를 첨부해야 합니다. 단, 연
구활동, 작품출판 등은 학교생활기록부에 내용이 기재된 경우에도 해당 원본을 제출하
십시오.)

1) 학급 부회장
중학교 3학년 시절 학급 부회장을 한 경험을 되살려 고등학교 1년
동안 학급을 위해 봉사했습니다. 학급 회장과 반 친구들 중간에 위
치하여 긴장도 되고 힘든 점도 많았지만 반 친구들의 의견을 수렴
하면서 친구들과 힘을 합하여 서로 편하게 지낼 수 있도록 최선을
다했습니다. 이러한 경험은 많은 것을 함께하는 인간적인 리더십과
남 앞에 설 수 있는 자신감을 주었습니다. 이것은 앞으로 대학뿐만
아니라 사회 진출 후에도 많은 일을 하는데 있어서 저에게는 큰 재
산이 될 것입니다.

2) ○○ 인권 마라톤 대회 자원봉사
'다르지만 차별 없는 세상을 향해'라는 구호를 가진 인권 마라톤
대회는 저에겐 남다른 경험이었습니다. 이 대회는 보통 열리는 마
라톤 대회와는 달리 장애인들과 함께 어우러져 달리는 대회입니다.
불편한 몸이지만 결승점을 향해 포기하지 않고 최선을 다해 들어
오는 모습, 그들과 함께 뛰는 사람들의 모습에서 따뜻한 인정과 삶
의 가치를 느낄 수 있었습니다. '과연 나는 저렇게 최선을 다하고
있는가'라는 생각과 나를 되돌아볼 수 있는 기회가 된 소중한 시간
이었습니다.

3) ○○ 복지재단 봉사활동
○○ 복지재단은 장애아동들이 생활하는 곳으로 부모님이 있는 경
우도 있지만 태어났을 때 버려진 아동들이 많은 곳입니다. 이곳을
알고 나서부터 주기적으로 중학교 때부터 시간에 여유가 생기면

가곤 했습니다. 상대적으로 학교에 있는 시간이 긴 인문계 고등학교를 다니면서는 자주 가지 못했지만 갈 때마다 내가 아이들에게 나누어 주는 것보다 배워 오는 것이 더 많았습니다. 특히 ○○라는 아이는 말을 하지 못하고 몸이 불편한데도 웃음을 잃지 않았습니다. 그 애를 통해 몸보다 마음이 올곧아야 한다는 생각을 하게 됩니다.

4) 도서부
도서실은 몇 년 동안 운영해오지 않았던 까닭에 도서 부원으로 처음 활동할 때에는 도서실의 책을 분류별로 정리 및 청소할 곳도 많았던 까닭에 무척 힘들었습니다. 또한 처음 한 달간은 수기로 대출·반납을 관리해야 했기 때문에 체계적으로 이루어지지 않아 많은 책을 분실하기도 해 속상했습니다. 그러나 1년 동안의 도서부 활동은 저에게 소중한 경험이었습니다. 도서실 사서의 역할을 해볼 수 있기도 하고 많은 책들을 접할 수 있었기 때문입니다. 특히나 매달 사보기 부담스러웠던 과학과 관련된 잡지를 마음껏 볼 수 있어서 좋았습니다.

5) '2006 ○○ 과학 축전' 과학 체험 마당 학생 도우미 활동 진행요원 활동
'2006 ○○ 과학 축전' 과학 체험 마당 학생 도우미로 활동했던 이 날만큼은 저는 선생님이 되었습니다. 주요 활동은 자석의 N과 S극의 성질을 이용하여 개구리를 만드는 방법을 어린이들에게 가르쳐 주건서 여기에 들어 있는 원리를 설명해 주는 것이었습니다. 이날 활동이 장시간 서서 하는 것이었기 때문에 많이 힘들었으나 본래 만들기를 좋아하는 저는 하루이지만 선생님이 되어 즐거운 마음으로 활동을 마칠 수 있었습니다.

나. 연세대학교

1. 지원자가 고등학교 재학 중에 했던 활동 중에서 가장 중요하다고 판단되는 교과 외 활동(봉사, 임원, 동아리, 연구, 취미, 기타 활동 등)을 선택하여 3개 이내로 작성하십시오.

번호	활동명	역할 및 활동내용	활동시기					
			1학년		2학년		3학년	
			1학기	2학기	1학기	2학기	1학기	2학기
1	교내체육대회		☐	☐	☐	☐	☐	☐
2	학교축제활동		☐	☐	☐	☐	☐	☐
3	자비원봉사활동		☐	☐	☐	☐	☐	☐

위의 활동 중에서 자신에게 가장 큰 영향을 주었던 활동 하나를 선택하고, 그 활동 경험이 지원자 개인 또는 주변에 어떠한 영향을 미쳤는지 본인의 역할과 활동 내용에 근거하여 기술하십시오.

고등학교에 입학했을 때만 해도 저는 고등학교 3년 동안은 대학입시를 위해 공부만 하며 보내야 한다는 막연한 부담감을 가지고 있었습니다. 하지만 예상과는 달리, 저는 지난 3년 동안 학업적인 면뿐만 아니라 다양한 분야에서 저 자신을 성장하게 한 좋은 경험을 많이 할 수 있었습니다. 그중 가장 기억에 남는 것이 학교 축제 때 학급 친구들 모두와 함께 댄스 공연에 참여했던 경험입니다. 저는 이전에 춤이라고는 춰 본 적이 없었기 때문에 과연 잘해낼 수 있을까 싶어 걱정도 많이 되었습니다. 하지만 댄스 공연은 이런 기회가 아니면 쉽게 할 수 없는 소중한 경험이 될 것 같았습니다. 반별 장기 자랑은 학급 친구들 모두가 일사불란한 모습을 보여야 하는 것이었고, 이를 성공적으로 해내기까지의 과정이 쉽지만은 않았습니다. 춤을 가르쳐 줄 수 있는 사람이 없다 보니 안무를 직접 동영상을 보고 따라하면서 익혀야 했고, 또 춤을 평소에 많이 춰 보지 않은 우리들로서는 춤추는 것 자체가 그리 쉬운 것만은 아니었습니다. 우리가 할 수 있는 것은 노력밖에 없었고 쉬는 시간과 식사시간을 가리지 않고 열심히 노력한 결과 다행히도 축제 전 마지막 리허설 때는 완성도 있는 춤을 출 수 있게 되었습니다. 그리고 축제 당일, 공연을 전교생의 박수와 환호를 받으며 성공리에 마무리할 수 있었습니다. 친구들은 공연이 끝나고 내려오면서 너나할 것 없이 서로 자신이 실수를 해서 공연 전체에 나쁜 영향을 끼친 것 같다는 걱정을 했습니다. 그러나 가수들처럼 완벽한 공연을 해 내는 것이 중요한 것이 아니라, 학급 친구들 모두가 한 마음 한뜻으로 이 공연을 위해서 최선을 다해 준비했다는 것이 더 중요하다 싶었습니다. 저는 이 공연을 계기로 많은 것을 배웠습니다. 춤을 추는 것이 처음엔 비록 힘들었지만 다른 친구들을 도와주기도 하고 다른 친구들에게 배우기도 하면서 점점 나아지는 저 자신을 발견할 수 있었고, 또 어느 하나가 주도적인 역할을 하는 다른 대부분의 활동들과는 달리 모두 하나가 되어야만 할 수 있는 활동을 하면서 다른 사람들과 조화를 이루어 살아가는 것이 얼마나 중요한 것인가고 깨달을 수 있었습니다.

2. 지원자의 장래 목표가 무엇이며, 이 목표를 달성하는 데 연세대학교에 진학하는 것이 어떻게 영향을 미칠 수 있을지 기술하십시오.

저는 어렸을 때부터 과학과 관련된 책읽기를 좋아했습니다. 실생활과 관련한 과학적 원리는 물론이고 실제로 관찰하기 힘든 다양한 현상들과 그 원리에 대해 알아가는 과정은 큰 기쁨이었습니다. 과학의 여러 분야 중에서도 거대한 크기만큼이나 매력적인 우주에 관한 이야기들에 특히 흥미가 많습니다. 책을 읽고 우주에 관해서 알게 되면 될수록 우주에 관한 저의 호기심도 커졌습니다. 그 과정에서 '평행우주'라는 책을 알게 되었습니다. 이 책을 읽고 나서 저는 빅뱅 후 우주의 팽창이 지금까지 이어지고 있으며, 우주의 대부분을 이루고 있지만 그 정체가 무엇인지조차 알려지지 않은 암흑물질도 존재한다는 사실을 새롭게 알게 되었습니다. 또한 '내가 우주에 대해서 얼마나 얄팍한 지식만을 가지고 있었던 것인가?'라는 생각에 꽤나 충격도 받았습니다. 저는 이 책을 읽으면서 전 세계에 널리 퍼져 있는 학자들이나 단체들이 머지않아 도래할 우주 시대를 향해 쉼 없이 연구하고 있다는 사실을 알았고, 저 또한 여기에 함께할 수 있으면 좋겠다는 생각을 하였습니다. 연세대학교는 천문학 수업에 관한 우수한 커리큘럼을 가지고 있을 뿐 아니라 국제적으로 명성 있는 네이처지나 사이언스지에 관련 논문을 게재하시는 훌륭한 교수님들이 많이 계시다고 들었습니다. 저는 훌륭한 실력을 갖추신 여러 교수님들의 가르침과 우수한 커리큘럼을 바탕으로 저의 꿈을 향해 나아가고 싶습니다. 또한 저는 연세대학교에서 공부할 수 있을 만큼의 충분한 노력을 했고 능력 또한 갖추고 있다고 자부합니다.

3. 자신에게 가장 중요하다고 생각되는 개인적 자질(학업능력 이외의 성격 또는 재능 등)에 대해 설명하고, 고등학교 기간 중 그 자질을 계발하기 위해 노력한 경험에 대해 기술하십시오.

제가 가지고 있는 여러 장점 중 하나는 바로 끝없는 호기심입니다. 저는 주위의 사소한 사물이나 현상들에 대해 항상 '왜?'라는 호기심을 가집니다. 그것은 책읽기 중에도 마찬가지입니다. 그리고 이 호기심을 단지 궁금한 것에서 끝내 버리지 않고 그것에 대한 답을 찾기 위해 여러 수단과 방법을 동원하곤 합니다. 주말에 도서관에 가서 4~5시간씩 책을 찾아가면서 궁금증을 해결하는 것은 예사입니다. 이런 경험들 중 가장 기억에 남았던 것은 바로 '우주에는 수백억 개의 별이 있다고 하는데 지구의 밤은 왜 이렇게 어두울까?'라는 의문에 대한 답이었습니다. 저는 이 의문에 대한 답을 도서관에서 한참 동안 책을 뒤진 후에야 알 수 있었습니다. 우주에 수백억 개의 별이 있다고는 하지만 별들이 내는 빛이 아직 지구에 도달하지 않았기 때문에 밤하늘이 낮처럼 그렇게 밝지는 않다는 것이었습니다. 그리고 여기에 더해 만약 지구에서 아주 멀리 떨어진 별이 폭발해서 사라진다고 해도 그 빛이 우리에게 도착하지 않은 이상 그 별이 우리에게는 다른 별과 마찬가지로 건재해 보인다는 것도 알 수 있었습니다. 저는 다양한 방법으로 의문을 해결하려 하였을 뿐만 아니라, 그 의문을 해결하는 과정에서 의문에 대한 답과 그 외의 다른 많은 사실들에 대해 알 수 있었습니다. 이런 경험들이 저의 발전을 가능하게 했다고 생각합니다.

지금까지 인류가 발전할 수 있었던 것은 '왜 그럴까?'라고 하는 작은 호기심을 바탕으로 이루어졌다고 해도 과언이 아닙니다. 과거 연금술사들이 '돌을 금으로 만들 수는 없을까?'라고 하는 의문으로 시작했던 실험은 비록 돌을 금으로 만드는 데에는 실패했지만 화학의 발전에 놀라운 기여를 하였고 유용한 신물질도 더불어 개발

함으로써 현재의 우리 삶을 좀 더 윤택하게 하였습니다. 저는 저의 이 호기심들이 저의 미래에 보다 큰 발전을 가져올 것이라 확신합니다.

다. 고려대학교

1. 고등학교 재학 중 교내·외에서 실행한 자기 주도적 활동(학습 활동 또는 교과 외 활동 등)을 기술하세요(띄어쓰기 포함 500자 이내).

저는 수학에 대해 막연한 어려움을 느껴 왔습니다. 때문에 모의고사에서 원점수 45점이라는 초라한 점수를 받은 적도 있습니다. 하지만 우연히 서점에서 '미시경제학'이라는 책을 펼쳐보니 경제학을 설명하는데 온갖 수식과 그래프들이 보였습니다. 이후 인터넷 검색을 통해 경제학을 공부하는데 수학이 필수적이라는 것을 알았습니다. 남들보다 늦게 시작했기 때문에 시간관리가 관건이었습니다. 걸을 때나 화장실에 갈 때, 급식 줄을 설 때까지도 잘 해결이 되지 않았던 문제 한두 개씩을 머릿속으로 끊임없이 생각했고, 이를 통해 문제를 심층적으로 분석하거나 재구성하며 그 실마리나 해답을 얻을 수 있었습니다. 이에 힘입어, 공부하는 단원의 학습목적에 대해 끊임없이 자문하여 본질을 꿰뚫기 위해 노력했고, 교내 수학경시대비반에 참여해 경제학에서 주로 쓰이는 기초해석학에 대해 깊이 있게 공부했습니다. 이러한 노력의 결과 3학년 때는 전국연합 학력평가 수리 영역에서 백분위 99.81의 우수한 성적을 얻기도 했습니다.

2. 고등학교 생활에서 자신이 리더십을 발휘한 경험을 느낀 점을 포함하여 구체적으로 기술하세요(띄어쓰기 포함 500자 이내).

고등학교 입학 초기에 저는 맡은 임무에만 충실한 평범한 학생이었습니다. 하지만 각종 시험에서 좋은 성적을 거두게 되자 점점 주위의 시선이 달라져, 몰랐던 친구들이 인사하기도 하고, 선생님들의 관심도 받게 되었습니다. 2학년 초에 각 학급 반장, 부반장들에 의해 학년장으로 선출되었으며, 저의 첫 임무는 수학여행에서 시작

되었습니다. 저는 목적지에 도착할 때마다 학생들을 질서정연하게 집합시키고, 유의사항 전달과 출발 전 인원 점검 등의 역할을 수행했습니다. 한번은 휴게소에서 점심을 먹게 된 적이 있었는데, 반별로 체계적으로 도시락을 나누어 주고 뒷정리까지 깔끔하게 함으로써 교감선생님께 칭찬을 받기도 했습니다. 수학여행은 친구들과 선생님들께 리더십을 인정받는 계기가 되었고, 이로 인해 학교생활에 자신감도 생기고 성격도 밝게 변해갔습니다. 학년장을 하면서 좋은 리더가 되기 위해서는 소수의 의견에도 귀를 기울일 수 있는 열린 마음이 필요하고 상대에게 신뢰감을 줄 수 있어야 함을 느꼈습니다.

3. 고등학교 재학 중 교내 또는 교외에서 자신이 해결하고자 했던 사회문제의 발생 원인과 이를 해결하기 위한 스스로의 노력 및 그 결과를 구체적으로 기술하세요(띄어쓰기 포함 500자 이내).

성적이 오를수록 선생님들과 다른 아이들에게 많은 관심을 받았지만 그 관심이 항상 긍정적인 것만은 아니었습니다. 소위 '재수 없다. 쟤 뭐야'라는 식으로 이유 없이 저를 싫어하는 친구들도 있었고 이 친구들에게 부정적인 시선을 받을 때마다 많이 속상했습니다. 이 때문에 이들과 우호적인 관계를 가지는 것을 과제로 삼기도 했습니다. 그렇지만 저와 성향이나 스타일이 정반대인 친구들과 친해지는 일은 마음만으로는 쉽지 않았습니다. 그러던 어느 날, 체육시간에 농구 수행평가를 치르게 되었는데, 저와 사이가 좋지 않은 친구 하나가 번번이 슛에 실패해 마지막까지 남게 되었습니다. 수행평가 통과를 위해 함께 레이업슛 연습을 하는 동안 저와 그 친구는 같이 땀을 흘리면서 나름의 동질감을 느낄 수 있었습니다. 결국 수행평가에 통과했고 그동안의 오해 또한 해소할 수 있었습니다. 저는 이를 통해 좋은 인간관계를 위해서는 마음만으로는 안 되고 그 마음을 행동으로 직접 표현해야 함을 알게 되었습니다.

4. 지원동기와 지원한 분야를 위해 어떤 노력과 준비를 해왔는지 기술하세요(띄어쓰기 포함 500자 이내).

제가 경제에 처음으로 관심을 가지게 된 계기는 외환딜러에 관한 TV프로그램을 본 이후입니다. 예측이 어려운 외환시장에서 직관과 통계학적 판단을 바탕으로 환차익을 남기는 외환딜러는 저에게 매력적으로 다가왔습니다. 이후 경제학에 관심을 가지고 경제신문을 구독하였습니다. 그 과정에서 여러 이슈나 모르는 용어들을 알아가게 되었고, 경제학에 대한 이해와 관심이 더욱 커지면서 진로를 경제학과로 결정했습니다. 하지만 학교 교육과정에 경제 과목이 개설되어 있지 않아서 교과서와 참고서를 바탕으로 스스로 공부해야만하는 부담이 있었습니다. 그렇지만 대부분의 내용이 평소 경제신문을 보며 직간접적으로 알고 있는 부분이었기 때문에 학습하는 데 큰 어려움은 없었습니다. 환율과 국제수지와 관련된 부분에서 잠시 난항을 겪기도 했으나, 한국은행 청소년 경제교육 콘텐츠들을 이용해 무사히 고비를 넘길 수 있었습니다. 2학년 겨울방학 때는 경제경시대회 준비를 통해 경제학에 대해 더욱 심층적인 이해를 할 수 있었습니다.

5. 고등학교 재학 중 창의적으로 문제를 해결했던 사례를 소개하고, 그것이 창의적이라고 생각하는 이유를 기술하세요(띄어쓰기 포함 500자 이내).

실업률과 인플레이션율 사이에 단기적으로 마이너스 상관관계가 있다는 필립스곡선이라는 내용을 접하게 되었습니다. 이를 통해 필립스는 물가안정과 완전고용이라는 두 가지 정책 목표를 동시에 달성할 수 없음을 입증했습니다. 처음에는 너무나 당연한 내용이라 대수롭지 않게 넘어갔는데, 문득 '물가안정과 완전고용을 동시에 실현할 수는 없을까?' 하는 의문이 들어 궁금증을 해결하기 위해 관련 자료를 수집했습니다. 국가통계포털에서 우리나라의 역대 소비자물가지수와 실업률을 비교해 보았습니다. 놀랍게도 1983~87년 사이에 소비자물가상승률은 2.3~3.4퍼센트로 매우 낮았으며 실업률 또한 기록적으로 3~4퍼센트의 자연실업률 상태에 머물러 실질적인 완전고용 상태에 근접했습니다. 이는 내적으로는 국가 주도의 강력한 경제 조절과 대외적으로는 3저 호황에 기인했기 때문입니다. 저는 이처럼 일반적인 통념을 깨고 제가 가진 의문을 탐구과정을 통해 창의적으로 문제를 해결할 수 있었습니다.

라. KAIST

(1, 2번 문항 생략)

3. 지원자가 KAIST의 "2010학년도 2차 (일반)전형"에 지원하게 된 동기 및 KAIST에 꼭 진학해야 하는 이유에 대하여 간략히 기술하여 주십시오(450자 내외).

제가 앞으로 연구하고 싶은 분야는 네트워크 보안 분야입니다. 크래킹으로 인한 개인정보의 유출과 금전적 피해를 겪어보았던 저는 더 이상 저와 같은 피해자가 생기지 않도록 컴퓨터 네트워크 보안 전문가가 될 것입니다.
현재의 수동적인 보안 솔루션으로는 크래커들의 공격을 완벽히 방어할 수 없다고 생각합니다. 아무리 업데이트를 계속한다고 하지만, 개발자보다 크래커가 먼저 어떤 서버의 허점을 발견하고 크래킹을 할 경우, 소 잃고 외양간 고치는 격이 될 가능성이 큽니다. 그래서 저는 능동적인 보안 솔루션을 개발하고자 합니다. 제가 목표로 하는 이 보안 솔루션은 인공지능을 이용한 보안으로, 개발자들이 미처 발견하지 못했던 서버의 허점을 크래커들이 공략하려고 할 때, 그것을 '눈치 채고' 방어 및 업데이트를 동시에 시행합니다. 이 A.I. 보안 솔루션을 만들기 위해서는 인공지능 이론, 네트워크 보안 이론, 인간-기계 커뮤니케이션 이론 등이 필요합니다. 이에, 저는 이런 분야들이 활성화되어 있는 대학을 찾아보았고, 이번 CGL camp에서 본 KAMERO와 비서 로봇, AMI는 저에게 KAIST라는 답을 알려주었습니다. 그래서 저는 안철수 박사님께서 석좌교수로 계신 KAIST에서 공부하고 싶어서 지원을 하게 되었습니다.

4. 지원자가 KAIST에 입학해서 대학생활을 성공적으로 하여, 창의적이고 리더십이 있는 과학기술 인재로 성장할 가능성에 대해서, 근거를 들어 간략히 기술하여 주십시오(450자 내외).

○○광역시 과학탐구토론대회에 나가서, 비록 장려상에서 그쳤지만, 창의적인 사고의 시작인 도전정신과 탐구정신 그리고 리더십의 시작인 책임감과 자신감을 얻을 수 있었습니다.
이 대회에서 저는 '지구온난화와 우리 고장'이라는 주제를 탐구했습니다. 익숙했지만, 여태 해 보지 못했던 주제였기에 접근하기가 까다로웠습니다. 하지만 도전정신을 가지고 ○○대학교 도서관, 보건환경연구원을 방문하고 자료를 수집하는 과정에서 '서리 일수와 지구온난화의 관계'라는 접근 경로를 찾게 되었고, 이에 관한 실험 계획을 세웠습니다. 그리고 그 계획에 맞게 실험기구세트를 직접 제작하고 실험을 행하는 과정에서 저는 탐구정신을 배울 수 있었습니다.

저는 대회에서 발표자의 역할을 맡았습니다. 대회에서 비중이 가장 큰 탐구 결과를 알리는 역할이었기에, 저는 최선을 다해야 된다는 책임감을 가졌습니다. 책임을 다하기 위해, 저는 발표할 내용을 스스로 정리해보고 그것을 토대로 발표 대본을 작성하고, 매일 30분씩 짬을 내어 부모님이나 친구들 앞에서 큰 소리로 읽으며 연습했습니다. 처음에는 부끄럽고 떨리기도 했지만, 시간이 지날수록 연습한 자신에 대한 확신을 가지게 되어 자신감을 얻었습니다.

5. 본인이 과학 기술 분야를 비롯한 특정분야에서 가지고 있는 영재성, 특별한 관심, 성장 잠재력 등에 대하여 간략히 기술하여 주십시오(450자 내외).

저는 카이스트에서 주관한 '창의력 글로벌 리더 캠프'와 포항공대에서 주관한 '이공계 대 탐방'에 참가했습니다. 참가 이후, 클레이 수학 연구소에서 발표한 7대 밀레니엄 난제 중 하나인 'P=NP?'라는 문제에 대해 홀로 밤마다 연구할 만큼 수학에 대한 흥미와 열정이 대단하며, 이는 내신 수학 성적이 모두 1등급이라는 것에서도 알 수 있습니다. 또한 과학에도 흥미가 있어 항상 높은 성적을 유지하고 있습니다. 이를 토대로, 교내 수학·과학경시대회에 나가 입상하는 결과도 내었습니다.

저는 저의 꿈을 위해 컴퓨터 공부를 하였습니다. '해커스쿨'이라는 웹 사이트에 가입하여 C언어와 기초 지식을 그 사이트의 '자유 강좌실'이라는 게시판에서 전문가들께 배웠습니다. 또한 '리눅스포털'이라는 웹 사이트를 통해서 리눅스의 기초 명령어부터 익혔고, 후에 리눅스의 구조와 원리에 관해 배울 것이며, 이를 통해 리눅스의 취약점을 찾고 그에 맞는 보안 시스템은 무엇인지에 대해 공부할 계획입니다. 또한 C언어를 이용한 중급프로그래밍에 도전할 것이며, 프로그래밍 언어의 효율적인 사용을 위해 이재규의 'C로 배우는 알고리즘'이라는 서적을 구매하여 공부할 계획도 가지고 있습니다.

6. 고교 재학 중에 해온 특별활동들 중에서 본인이 가장 중요하다고 생각하는 활동이 자신과 주위에 미친 영향력은 무엇인지 간략히 기술하여 주십시오(450자 내외).

○○ 과학 축전을 다녀온 뒤로, 저는 과학에 대한 관심이 부쩍 늘었습니다. 또한 '모호하게 아는 것은 모르는 것만 못하다'는 교훈을 배웠습니다. 축전에서 '마요네즈 만들기'에 대해 설명을 했는데, 일단 자신이 그 원리(계면활성제의 작용)에 대해 이해를 확실하게 해야지 조리 있고 이해하기 쉬운 설명을 할 수 있었습니다. 즉, 확실하지 못한 지식은 머리 공간만 차지할 뿐, 완전한 저의 지식이 아니라는 것이었습니다.

또한 축전을 다녀온 것으로서 저는 봉사활동에 좀 더 적극적으로 참가하기로 마음먹었습니다. 동아리에서 격주로 3명씩 돌아가며, ○○복지아동센터에 과학 봉사를 하러 가는데, 저는 조에 상관없이 가기로 마음먹었습니다. 비록 봉사 시간은 못 받더라도, 아이들에게 과학을 가르쳐 줌으로써 제 나름대로의 재미와 몰랐던 지식을 취할 수 있었습니다. 이런 저의 결심은 아이들의 과학 지식을 더욱 폭넓게 해 주는 원동력이 될 것이라고 믿습니다.

마지막으로 이번 축전은 저에게 원활한 고등학교 생활의 밑거름이 되었습니다. 복학을 한 탓에, 아이들과 많이 어색했습니다. 그렇지만 이번 축전을 준비하며 행한 실험들 그리고 실패한 실험에 대한 해결 방안을 찾는 과정을 함께 협동심을 가지고 행하면서 어색했던 아이들과 가까워지게 되었습니다.

7. 위에 기술한 내용 외에 가정환경, 지역 환경, 어려움을 극복한 사례 등이나 평가에 반영되기를 원하는 본인에 대한 기타 참고사항이 있으면 간략히 기술하여 주십시오(300자 내외).

'갑상선 기능 항진증'으로 2학년 2학기 초에 휴학을 했습니다. 저는 6개월의 휴학을 도약의 기회로 삼았고, 건강관리와 병행해서 저는 저의 꿈을 찾아 나섰습니다. '내가 진정으로 하고 싶은 것이 무엇인가?' 이 질문에 대해 끊임없이 혼자 묻고, 혼자 답했습니다. 신소재 분야, 신약 개발 분야, 순수 과학 분야, 컴퓨터 보안 분야, 컴퓨터 프로그래밍 분야 등에 대해 알아보고, '과연 나의 적성에 무엇이 맞는가?'에 대해 고찰했습니다. 단기간에 저의 진정한 적성과 꿈을 찾는다는 것을 어불성설이라고 할지도 모르겠지만, 저는 저의 꿈을 발견했습니다. '네트워크 보안 전문가.' 크래킹에 피해를 입은 적이 있던 저는 다시는 저와 같은 피해자가 생기지 않도록, 제 꿈을 향해 달려가겠습니다.

'움츠린 개구리가 멀리 뛴다'는 말과 같이, 저는 이번 휴학을 계기로 'AI 보안 솔루션을 개발할 네트워크 보안 전문가'라는 가장 값진 꿈을 얻었고, KAIST에서 도약할 것입니다.

마. 포스텍

1. 자신의 관심 분야 및 앞으로의 진로계획(예: 20년 후 자신의 모습)이 무엇인지 이를 위해 고교시절에 어떠한 노력을 해왔는지 구체적으로 기술하시오(띄어쓰기 포함 1000자 이내 작성).

초등학교 때부터 과학에 관심이 많아 ○○대학교 영재교육원에서 공부하면서, 항공 모형 만들기, 과학 로봇 만들기, 과학 창의력 대회 등에 참가하였다. 그 과정에서 물리라는 학문을 접하고 나서 큰 매력을 느꼈고, 중학교 2학년 때는 ○○대학교 물리 영재교육원에 입학하였다. 이곳에서 배운 것을 바탕으로 전국 과학실험대회, 물리 올림피아드 대회에 나가서 또래의 친구들과 실력을 겨루었다. 고등학교 때도 물리 공부를 게을리 하지 않았고, 2, 3학년 때는 교내 수학·과학경시대회에서 금상을 수상하였다.

나는 영화를 즐겨 보는데, 영화를 보면서 영화에 자주 등장하는 유비쿼터스 세계에 큰 관심을 가지게 되었다. 영화에서는 그것이 가상의 세계로 그려지지만 이미 많은 부분이 현실에서 실제로 사용되고 있다. 특히 뇌에 직접 연결하여 근육을 움직이는 장치나 시력을 잃은 사람들에게 사물을 볼 수 있게 하는 장치는 도전해 보고 싶은 분야이다. 앞으로 노인 인구가 급속하게 증가하면 얼마나 오래 건강한 삶을 영위할 수 있을 지에 큰 관심이 쏠릴 것인데, 나는 노인이 혼자 살아도 건강하게 살 수 있는 의료장치 연구에 도전하고 싶다. 이 같은 의료 서비스 부분은 의사가 해야 한다고 생각하기 쉽겠지만, 최고의 의료 서비스 뒤에는 기초과학의 힘이 절대적이라고 생각한다. 20년 뒤 나는 지금의 생각을 더욱 발전시켜 홀로 사시는 할아버지가 몸이 불편한 데는 없는지를 감지하는 유비쿼터스 시스템의 실질적인 구현에 주도적인 역할을 하고 있을 것이다.

2. 포항공과대학교를 선택한 이유 및 앞으로 4년간 포항공과대학교에서 하고 싶은 것이 무엇인지 기술하시오(띄어쓰기 포함 1000자 이내 작성).

내가 포항공과대학교를 지원하려는 이유는 크게 두 가지이다. 하나는 한국의 이공계 기피 현상이 심하다는 소식을 자주 들어오던 차에 포항공과대학교가 한국 언론인 연합회가 주관한 '2010 대한민국 참교육 대상 종합대상'에 선정되었다는 소식을 들었기 때문이다. 어릴 때부터 과학이라는 학문에만 뜻을 두고 공부한 나로서는 우리나라 이공계의 현재 모습에 많이 실망한 것이 사실이다. 그렇다고 이전까지는 생각지도 않았던 다른 분야의 공부를 계속할 생각은 더더욱 없다. 학문적 가치와 교육 정책의 창의성 등 10개 부문에 걸쳐 뽑은 참교육 대상에서 혁신 교육 부문 수상과 함께 종합대상의 영예를 안은 포항공과대학교야말로 내가 과학 공부를 하는 데 있어 적절한 곳이라 생각한다.
또 다른 이유는 중학생 때 포항공과대학교를 졸업한 분과 짧은 기간 함께 공부한 적이 있었다. 그때 그분은 짧은 시간 공부를 하기 위해서도 몇 시간이나 준비를 했었는데, 그것이 매우 인상적이었다. 항상 진지하게 고민하고 공부하는 분위기, 바로 이 점이 포항공과대학교의 힘이라 생각한다.
나에게 포항공과대학교에서 공부할 수 있는 기회가 주어진다면 나의 재능과 베푸는 마음으로 우리나라의 과학 발전을 위해 노력하고 싶다.

3. 자신의 학습방법 및 태도 능력에 대해 기술하시오(띄어쓰기 포함 800자 이내 작성).

초등학교 때 영재교육원에서 공부하면서 대학생들의 연구 모습과 멋진 실험기구들을 보고 나도 그런 환경에서 연구하고 싶다는 생각을 하게 되었다. 중학교 2학년 때 ○○대학교 물리 영재교육원에 입학해서 물리 관련 서적들을 찾아 읽으면서 물리에 대한 보다 깊은 공부를 할 수 있었다. '수소 연료 전지', '진공 박막 형성'과 관련한 발표 준비를 할 때면 나는 대학 도서관에 파묻혀 지냈다. 관련 전문 서적들을 빌려 혼자 고민하고 문제를 해결하려고 애썼고 혼자 해결할 수 없는 것은 영재원 친구들과 머리를 맞대고 고민했다. 서로의 오개념을 바로 잡고 새로운 아이디어를 이끌어 낼 수 있었던 소중한 경험이었다. 이 과정에서 배운 것을 바탕으로 전국 과학실험대회와 물리 올림피아드 대회에 나가 나의 실력을 발휘할 수 있었다.
고등학교에 올라와서는 내가 원하는 공부를 할 수 있는 전자전기 공학과에 입학하기 위해서 학교수업에 충실함은 물론 관심 분야인 물리 공부에도 힘썼다. 이 과정에서 나는 평소 성실한 학교생활이 얼마나 중요한 지를 깨닫게 되었다. 학기 중에는 물리에 많은 시간을 쏟기 힘들어서 자투리 시간을 이용하여 과학 서적을 읽으며 물리에 대한 고민을 계속하였고, 방학 중에는 ○○광역시 교육청에서 진행하는 공교육 논술학교에 참가하여 여러 선생님들과 물리에 대한 깊이 있는 공부를 할 수 있었다. 그 결과 교내 수학·과학경시대회에서는 물리 분야 금상을 수상하였고, ○○광역시 수학·과학 경시대회에서도 은상을 수상할 수 있었다.

4. 지원자가 속한 공동체에서 자신의 역할(리더십, 봉사정신, 인성함양, 노력 등)이 어떠한 것이었는지 구체적인 사례와 함께 기술하시오(띄어쓰기 포함 800자 이내 작성).

나는 낯을 많이 가리는 성격이다. 물론 익숙해지면 매우 활동적으로 행동하지만 처음에는 주위를 유심히 관찰하는 편이다. 이런 나를 변화시키기 위해 봉사단체 활동을 생각했고, 부모님과 '(사)이친구 사랑나누기'라는 봉사단체에서 다양한 경험을 하면서 베푼다는 것의 중요함에 대해 다시 생각할 수 있었다. 2009년 8월, ○○군 ○

○면 ○○리의 한 독거노인집을 방문해 '사랑의 집수리' 봉사활동을 펼친 경험은 아직도 잊지 못한다. 그날은 비가 왔는데 혼자 계시는 할머니 댁에 비가 새고 있었다. 아저씨들은 처마도 갈고 보일러도 새로 놓았다. 그리고 어머니는 냉장고 정리를 하셨고, 나는 그 옆에서 자재를 나르며 참된 봉사의 의미를 알게 되었다. 일을 끝낸 뒤에 할머니가 눈물을 글썽이며 감사의 인사를 하실 때는 나의 작은 노력으로 주위 사람들이 행복할 수 있다는 것에 가슴이 뭉클했다.

5. 자신의 성장과정 및 교육환경(가족, 학교, 지역 등)에 대해 기술하시오(띄어쓰기 포함 800자 이내 작성).

글을 알게 되면서 내 주위에는 항상 책이 있었던 것으로 기억한다. 어머니는 책을 통해 내가 새로운 세상을 경험하기를 바라셨던 것 같다. 덕분에 나는 많은 책을 읽을 수 있었다. '코스모스(칼 세이건, 사이언스북스)'를 읽고 대우주의 신비함을 경험했고, '파인만의 물리학 강의(파인만, 승산)'를 통해서 자연 현상을 이해하는 도구로서 물리의 중요성을 알 수 있었다. 특히 파인만의 물리에 대한 알기 쉬운 개념 풀이는 내가 물리에 대한 흥미를 갖게 하는 데 중요한 역할을 했다. 그러나 창의력은 과학 한 분야만 공부한다고 길러지는 것이 아니라고 생각해 인문, 사회, 예술 등의 분야에서도 식견을 갖추려고 노력했다.
고등학교 3학년이 되어서는 '공교육 논술학교'에서 각 학교의 우수한 친구들과 함께 공부할 수 있는 기회가 있었다. 거기에서 나는 친구들과의 토론을 통해 독서를 통해 경험한 다양한 지식들을 새롭게 정리할 수 있었다. 또래 친구들과 실험하고 토론하고 글을 쓰는 일은 나에게 유연한 사고의 중요성을 인식하게 해 준 매우 중요한 경험이었다.

6. 자신에 대해 좀 더 소개하고 싶은 내용, 자신의 장단점, 성격, 재능, 특기 등이 있다면 기술하시오.

4년간 ○○대학교 영재교육원에 다녔다. 그 4년의 경험이 앞으로 내가 가야 할 길에 대해 많은 생각을 하게 했다.

나는 초등학교 때 특별한 학원을 다니지 않았지만 과학에 대한 호기심 하나만으로 여러 과학 대회에 참가하려 했고, 당시 담임선생님께서는 그런 호기심을 높이 사셨는지 영재교육원에 추천을 해주셨다. 영재교육원에서는 조별로 탐구 활동을 하고 보고서를 쓰는 활동을 했는데, 두 달이 넘는 기간 동안 탐구 활동을 수행하면서 과학자에 대한 동경이 생긴 것 같다.

중학교 때는 ○○대 물리 영재교육원을 다니면서 ○○○ 교수님의 지도를 받았다. '수소연료전지의 효율 측정'이라는 제목의 논문을 만들었는데, 실험을 통해 결과를 이끌어 내는 과정이 나에게는 마냥 신기했다. 특히 PEM 전해조의 전압-전류 특성 실험과 수소 기체 변환 효율 측정 실험이 가장 나의 흥미를 끌었다. 오랜 시간 공들인 실험을 통해 전기 에너지가 수소 기체를 만들어 내는 패러데이 효율을 측정하면서 나는 온 정신을 여기에 쏟았다. 교수님들의 연구실에 있던 다양한 실험 장치들은 내 마음을 설레게 하였고, 친구들과 실험하고 논문을 쓴 경험은 과학은 혼자서만 하는 것이 아니라는 생각도 할 수 있게 하였다.

이러한 경험들은 내가 고등학교에 입학해서도 꾸준히 물리와 관련된 활동을 하는데 바탕이 되었다.

바. 이화여자대학교

※ 문항 1~5번까지는 한국대학교육협의회가 지정한 공통지원양식 문항입니다.

1. 자신의 성장과정과 가족환경에 대해 기술하세요(500자 내외).

제가 식품영양학과를 지원할 수 있게 부모님께선 많은 환경을 조성해 주었습니다. 식도락을 즐기시는 아버지의 영향으로 매년 방학 때마다 우리나라 방방곡곡을 다니며 각 지방의 지역특산물로 만들어진 음식들을 맛보며 저는 음식에 대한 관심이 커졌습니다. 또한 한식조리사 자격증을 따신 뒤 현재 양식 조리사를 공부 중이신 어머니를 곁에서 도운 적이 많았었는데, 항상 노력하시며 최선을 다하시는 어머니를 보면서 노력하지 않고선 아무것도 얻지 못한다는 신념을 지니게 되었습니다. 이러한 부모님의 영향으로 저는 음식에 대한 꾸준한 관심을 가질 수 있었고 취미생활에도 영향을 받았습니다. 가족끼리 떠난 여행 중 기억이 남는 곳은 통영과 거제도를 다녀왔을 때입니다. 거제도를 지나 통영으로 돌아오면서 양식장을 구경했는데, 거기서 저는 음식들이 여러 가지 환경과 과학적인 요인의 영향을 받는다는 것을 알게 되면서 식품영양학과에 진학하여 좀 더 깊고 구체적으로 식품영양학을 탐구하고 싶다는 꿈을 확고히 할 수 있었습니다.

2. 지원동기를 쓰고, 지원한 분야를 위해 어떤 노력과 준비를 해왔는지 기술하세요(500자 내외).

초등학교 6학년 때부터 아침마다 신문을 보며 식품과 건강관련 분야에 전문적인 지식을 가진 기자들이 적다는 것을 보고서 제가 직접 그 분야에 도전해 보고 싶다는 생각을 했습니다. 그때부터 식품영양학과에 진학하기 위해 백화점에서 초등학생들을 대상으로 실시하는 요리강좌를 들었고 중학교 1학년 때는 가정실습 수행평가에서 웰빙 잡채를 만들어 높은 점수를 받음으로써 식품과 영양에 대한 꾸준한 관심을 가졌습니다. 고등학교에 진학하여 칼럼니스트가 되기 위해 가져야 할 필수적 자질인 글쓰기에 대한 고민은 제가 다양한 분야의 도서에 흥미를 가지고 읽을 수 있는 발판이 되었습니다. 이로 인해 저는 1학년 때 개운 백일장에 참여하여 수상(차하)하였습니다. 또한 저는 대학 진학 시 배우게 될 전공과목들 못지않게 중요한 것이 영어라고 생각합니다. 생활 속에서 영어를 꾸준히 접하기 위해 영화를 볼 때 자막 없이 보고 영미권 소설을 읽는 등의 노력을 하고 있습니다. 이러한 노력의 결과로 교내에서 열렸던 제2차 모의토익 경시대회에서도 수상(장려)하였습니다.

3. 입학 후 학업계획과 향후 진로계획에 대해 기술하세요(500자 내외).

저는 이화여자대학교 식품영양학과에 입학하여 본격적인 전공과목 학습의 기초를 마련하기 위해 1년 동안은 식생활과 문화, 영양과 현대사회에 대해 배우며 기본적인 지식습득을 위해 노력할 것입니다. 또한 제게 부족한 부분인 영어를 집중적으로 공부하고 요리 자격증을 따는 등 기본 소양을 쌓을 것입니다. 그리고 교환학생 제도와 이화 피스버디에 참여하여 세계 음식문화를 직접 체험해 보고 싶습니다. 이후 3년 동안은 영양학에 대한 전반적인 공부에 매진하면서 특히 식단 부분과 한국의 전통음식 그리고 그 영양에 대해 심도 있게 공부할 것입니다. 요즘 사람들은 다이어트와 웰빙에 많은 관심을 가지고 있습니다. 그러나 많은 관심에도 불구하고 일반 사람들은 식단 조절에 대한 정보가 부족하며 여러 매체를 통해서 잘못된 지식으로 건강을 해치는 사람이 많습니다. 그래서 저는 사람들에게 올바른 식단의 중요성과 필요성을 환기시키기 위해 영양칼럼니스트가 되고 싶습니다. 그 꿈을 이루기 위한 첫걸음을 귀교의 식품영양학과에서 시작하고 싶습니다.

4. 고등학교 재학 중 자기 주도적 학습경험과 교내 · 외 활동을 서술하세요(본교에서 사용하지 않는 문항입니다).

작성하지 마십시오.

5. 자신이 미래의 목표를 위하여 노력했던 과정과 역경극복 사례, 그리고 목표를 세웠던 동기 등에 대해 서술하세요(500자 내외).

저는 고등학교 1학년 때 부반장이 되어서 일이 많이 서툴러 의견을 조율하지 못해 충돌이 생길 때마다 힘들었습니다. 또한 친구들과의 관계가 점점 멀어지는 것을 느끼며 자신감을 잃어갔습니다. 이 시기에 저는 정기적으로 가던 봉사활동에서도 아이들과 충돌이 잦아서 고민하다 저를 되돌아보게 되었습니다. 봉사활동에서나 학교에서 저는 항상 친구들의 의견을 들어주기보다 선생님의 말씀을 앞세워 고집 부린다는 것을 알았습니다. 그래서 다른 사람들의 의견에 귀 기울여야겠다고 생각한 다음부터 저는 제 태도를 고치기 위해 노력하였습니다. 봉사활동을 나가면 아이들의 입장에서 보려고 노력하였습니다. 학교에서는, 친구들의 의견에도 귀 기울이고 입장을 이해하면서 제 의견도 다시 한 번 생각해 보았습니다. 이러한 노력의 결과로 저는 자신감을 회복할 수 있었고 2학년 때는 친구들의 신뢰로 다시 부반장이 될 수 있었습니다. 이를 통해서 저는 사람들을 대하는 방식과 배려심을 배울 수 있었습니다.

6. 수학 · 과학 영역을 중심으로 자신의 우수성을 설명할 수 있는 대표적인 활동 및 실적을 3개 이내로 기술하세요(활동 및 실적 내용, 활동 및 실적의 의미, 동기, 활동과정 등에 대한 구체적인 설명, 각 활동별 300자 내외).

1) 제○○회 ○○ 청소년 자원 봉사대회
정기적으로 봉사활동을 이어오던 저희에게 담당 선생님은 청소년 자원봉사 대회에 참가해 그동안 봉사해 온 활동들을 평가받아 보는 것을 권유하셨습니다. 선생님의 의견에 공감한 저희는 7개월 동안 기록해 오던 활동자료들과 수기를 모으고 동아리 선배들, 동기들과 함께 대회에 관해 여러 번 토론을 했습니다. 대회 참가 준비를 하면서 서로 의견이 충돌하는 일도 있었지만, 진정한 봉사활동의 의미에 대해 다시 생각해 볼 수 있었습니다. 또한 저희가 노력했던 만큼 값진 수상을 하여, 흘렸던 땀방울들이 헛되지 않은 좋은 경험이었습니다.

2) ○○ 과학전람회
국사시간에 문화재들에 관해 배울 때 문화적 가치 외에도 문화재를 측정과 기록하는 단위들에 대해서도 배웠습니다. 그중, 길이에서 시대마다 생각하는 기준이 다른데 같은 이름이라 하여 시대와 상관없이 전부 다 같다고 보장할 수 있는지 의문이 생겼습니다. 인터넷은 물론 여러 책과 논문들을 참고하며 직접 방문조사도 하였습니다. 애초에 얻고자 하였던 결과는 문화재를 통해 단위당 척 길이 값으로 과거, 현재, 미래 사람들의 키 변화를 구하는 것이었습니다. 원하던 것을 얻진 못하였지만 궁금했던 부분의 호기심을 해결할 수 있어서 만족했습니다.

3) 과학반 활동
선배들, 동기들과 함께 교내활동으로는 C.A. 시간과 그 외의 시간을 이용해 교과서에 나오는 것을 위주로 실험을 하여 과학 실험을 학습할 때 이론으로 이해하는 것보다 많은 도움이 되었습니다. 또한 축제 준비와 세미나 준비로 협동심과 다른 사람의 의견을 수용하는 방법을 배웠습니다. 교외활동으로는 양육원 봉사, 체험부스 운영, SSC 여중생 과학캠프, 귀화식물 퇴치 작업, ○○자원봉사단 활동 등을 하였습니다. 저희들은 활동 방향을 교내에서 과학 학습에 대한 영역뿐만 아니라 교외에서도 일회성 봉사가 아닌 꾸준한 봉사활동에 두며 인내심과 헌신하는 자세를 익혔습니다.

2 지원 대학별 추천서 사례

교단에서 실제로 추천서를 쓴 것을 바탕으로 자료를 모으니, 모든 대학에서 요구하는 추천서를 다 실을 수 없었다. 그만큼 실제적인 자료를 바탕으로 하였음을 의미한다. 다음 자료를 참고하여 학생들에게 도움이 되는 추천서 역할을 했으면 한다.

가. 서울대학교

○ 사례 (1)
1. 지원모집 단위와 관련하여 지원자가 가지고 있는 학업능력이나 특기능력, 관심, 열정 등에 대하여 기술하여 주십시오.

지원자의 수학과 과학에 대한 학업능력이나 열정은 수상경력을 보면 알 수 있습니다(과학탐구대회 분야 교외상 2회 수상, 교내 수학 과학경시대회 물리 분야 2회 수상, 교과우수상 3회 수상, 학력우수상 4회 수상).

- 진지한 자세로 최선을 다하는 열정
지원자는 평소 수학 시간에 다른 학생들보다 적극적으로 답을 먼저 하는 편은 아니지만, 누구보다도 진지한 태도로 수업에 임하며 치열하게 고민한 끝에 문제 상황에 대한 답을 결국에는 찾아내는 학생입니다. 때로는 그 해결방법이 훌륭해서 추천인이 감탄하는 경우도 많습니다. 일례로 미분 단원의 심화수업을 할 때였습니다. 미분 가능성에 대한 문제였는데 여러 가지 함수의 예를 그래프로 그리면서 차이점을 설명해 나가는 과정이 정확하고 명료해서 추천인의 풀이 방법보다 더 좋았습니다. 또한 극한 단원에서 다수의 학생들은 대수적 방법으로 접근하는 문제를 상황에 대한 직관으로 간단하게 정리하는 지원자를 보고 감탄한 기억이 있고, 공간도형 단원에서는 벡터를 이용한 남다른 풀이 방법을 선보여 함께 공부하는 친구들이 박수를 쳤던 적도 있습니다. 지원자의 무한한 수학적 능력을 엿볼 수 있는 순간들이었습니다.

- 남다른 통찰력과 배우는 자세
고3 때 지원자의 물리Ⅰ 과목과 물리Ⅱ 과목을 지도한 선생님(○○○, ○○대학교 물리교육과 박사과정 수료)은 지원자의 능력에 대해 다음과 같이 평가합니다.

전반적으로 지원자는 과학이나 물리 분야 독서량이 많아 관련 지식이 풍부합니다. 비구조화된 물리적 상황에서 문제를 모형화하고 수학적으로 정량화하는 능력 또한 가지고 있습니다. 정의적 영역의 맥락에서 볼 때도 과제 집착력이 뛰어나고 장기간의 연구에서의 피로를 극복하고 지적 능력을 발휘할 기본 자질을 어느 정도 가지고 있는 것으로 판단됩니다. 고등학교라는 여건상 보다 더 개방적인 상황에서 지원자의 창의적 문제 해결 능력을 측정하는 데에는 한계가 있었고, 대학과 연구소에서의 물리적 문제는 다차원적이고 변수가 많아 현재의 지원자 능력이 100% 대학에서의 성공적 문제 해결 능력으로 이어질 지의 여부는 어느 누구도 장담할 수 없습니다. 그렇지만 객관적인 몇 차례 평가와 수업 태도, 경시대회 답안, 몇 차례의 상담과 물리 문제와 관련한 지원자와의 토론 과정을 종합해 보면, 전기공학 관련 분야에서도 본인의 노력 여하에 따라 충분한 연구 능력을 발휘할 것으로 보이며, 나아가 창의적 사고로 첨단 기술 개발 등의 연구에서 핵심적 역할을 할 가능성이 다분히 있는 것으로 사료됩니다.

① 서술형 평가에서 빛의 밝기에 따른 사진의 선명도가 변하는 현상을 제시하였을 때, ○○○ 학생의 통찰력은 유달랐음을 기억한다. "미시적인 관점에서 즉 광자의 숫자가 작을 때 빛은 알갱이로

서 행동하고, 거시적인 관점 즉 광자의 숫자가 많을 때 빛은 간섭과 회절과 같은 파동의 성질을 나타내어 선명한 상을 가지게 한다"라는 학생의 답안에서, 빛의 본질이라는 물리적 딜레마는 기성세대의 물리학자도 아직 해결하지 못한 미제의 테마라고 할 때, 고등학생 수준에서 빛의 이중성을 바라보는 통찰력을 지녔다는 것이 놀라웠다. 1905년 아인슈타인의 '빛의 발생과 전파에 대한 발견적 방법'(Concerning an Heuristic point of view toward the Creation and Conversion of Light)이라는 논문의 서론에도 28세의 아인슈타인이 "빛의 간섭과 회절현상의 빛 알갱이들의 시간평균적인 행동"이라는 추론과 유사한 사고 패턴이었다.

② 교내 과학 논술 경시대회에서 몇 개의 기체 알갱이가 한정된 공간의 절반을 차지하고 있을 때와 한정된 공간의 전체 공간을 차지할 경우의 수와 그 물리적 의미를 묻는 문제를 제시하였다. ○○○ 학생은 경우의 수를 정확히 정량적으로 계산하였고 엔트로피의 의미를 "에너지의 공간적 분산과 우주의 팽창"과 연관 짓는 답안을 작성하였던 것으로 기억한다. 엔트로피의 의미를 단순히 무질서한 배열 등으로 잘못 생각하는 학생들이 대부분이나 김지현 학생의 경우는 현대적인 엔트로피의 개념을 정확히 알고 있었고 경우의 수를 수학적으로 분석하는 능력도 지니고 있었다. 이는 평소 과학 관련 독서량이 풍부한 것을 방증한다.

③ 교내 과학경시대회에서 인체의 구조 중 '팔의 정적 평형'을 묻는 역학 문제를 제시하였는데, ○○○ 학생은 팔의 구조를 단순한 모형으로 도식화하였고 X, Y 성분 힘의 평형과 돌림 힘의 조건을 구하여 팔이 지탱할 수 있는 물체의 무게를 계산하였다. 자연현상을 단순한 물리 모형으로 단순화하고 이를 수식화하여 문제를 해결할 수 있는 과학적 소양을 지닌 것으로 판단되었다.

2. 학업능력 이외의 개인적 특성(봉사성, 잠재력, 인생관, 리더십, 공동체의식 등)을 중심으로 지원자를 이해하는 데 도움이 되는 내용이나 지원자를 추천하는 이유에 대하여 기술하여 주십시오.

지원자가 속해 있는 학급의 분위기는 밝은 편입니다. 수업 시간에 분위기를 주도하는 학생들이 누구냐가 학급의 분위기를 결정하는데, 지원자가 속해 있는 학급은 공부에 관심을 가지고 열심히 하는 학생들이 분위기를 주도하는 편입니다. 지원자는 앞에 나서서 리더의 역할을 하는 것은 아닙니다. 누군가가 앞에 나설 때 적극적으로 호응하고 아이디어를 내어 놓는 역할을 합니다. 봄소풍 때였습니다. 학급 행사로 사진 찍기 대회와 게임을 하는데, 지원자는 자신이 속한 팀이 재미있는 사진이 나올 수 있도록 팀원들과 의견을 나누고 포즈를 취하는 등 적극적인 모습을 보였는데 학교에서 보던 진지한 모습과는 달라서 놀랐습니다.

청소시간에 학급에 가면 학생들이 추천인에게 장난을 걸어옵니다. "선생님, ○○가 청소 안 해요!!!", "○○가 욕해요. 혼내주세요!!!" 남학생들은 이런 유의 말을 건네면서 이야기를 시작하는 경우가 많습니다. 추천인도 이런 농담들에 대답하면서 학생들과 의사소통을 합니다. 이때 학생들 사이에서 많이 거론되는 이름이 인기가 있는 학생들입니다. 지원자는 이름이 많이 거론되는 편입니다. 친구들이 담임인 저에게 고자질을 하면 "아니에요, 선생님. 저 열심히 하고 있어요!!!"라고 약간은 머쓱해 하면서 웃는 얼굴로 대답합니다. 서로에게 익숙하지 못한 학기 초에 스스럼없이 친구들 사이에 다가가지 못해 학급의 공식적인 리더가 되지는 못했지만, 시간이 지날수록 학급의 구성원으로서 자신의 역할을 찾아하면서 친구들에게 인정받는 학생입니다.

지원자가 속해 있는 학교는 상위권 학생들이 별도의 자습실(정독실)에 모여서 공부를 합니다. 지원자도 처음에는 정독실에서 자습을 했습니다. 하지만 며칠 지나지 않아 교실에서 자습하고 싶다고 추천인을 찾아왔습니다. 교실에서는 지원자에게 친구들의 질문이 많고 또 조금은 어수선한 분위기라 내심 걱정을 많이 했습니다. 그런데 혹시나 했던 걱정은 기우였습니다. 친구들의 질문에 친절하게 답하고 친구들 사이에 어울리는 지원자를 보면서 '인간의 상냥함'에 대해 다시 생각하게 됩니다. 공부하기도 바쁜 고등학교 시절, 그 시간을 쪼개 '(사)이친구 사랑나누기'라는 봉사단체 회원으로 ○○군 ○○면 ○○리의 한 독거노인 집을 방문해 구들장을 뜯는 어른들 틈에서 자재를 나르는 심부름을 하고 어머니와 함께 냉장고 청소도 거드는 등 따뜻한 마음이 있지 않으면 하기 힘든, '사랑의 집수리' 봉사활동은 지원자가 주위를 배려하는 리더로 성장하는 데 밑거름이 될 것이라 믿습니다.

뛰어난 재능과 베푸는 마음을 가진 지원자가 귀교에서 보다 큰 능력을 발휘할 수 있기를 바라는 마음을 오롯이 담아 추천합니다.

3. 지원자의 수상경력 중 가장 의미 있다고 생각하는 수상을 순서대로 3개 이내로 기술하여 주십시오(장학금, 인증서 등 포함).

▶ 수상경력이 없거나 큰 의미를 부여할 만한 상이 아닌 경우는 기술하지 않으셔도 됩니다.

1) 제○○회 ○○광역시 중·고등학교 수학·과학경시대회 – 은상
고등학교 3학년에 올라와서 1, 2학년 때보다 성적이 떨어지자 고민
을 하고 있던 지원자에게 자신감을 심어주는 계기가 된 상입니다.
이후로 성적이 조금씩 향상되었고 지금도 계속 향상되고 있는 상
태입니다.

2) 수학·과학경시대회(물리) – 금상
경시대회 채점 과정에서 물리 담당 선생님이 월등한 지원자의 능력에
대해 많은 칭찬을 해주셔서 지원자가 물리 분야에 남다른 능력이 있
음을 알게 되었습니다.

3) 논술경시대회 - 최우수
추천인이 특별한 기대 없이 추천한 대회였는데 최우수상을 수상하
는 것을 보고 지원자의 숨겨진 능력을 알게 되었습니다.

○ 사례 (2)

1. 지원모집단위와 관련하여 지원자가 가지고 있는 학업능력이나 특기능력, 관심, 열정 등에 대하여 기술하여 주십시오.

'수업 시간에 선생님의 눈을 무섭게 주목하는 아이', 제가 위 학생
을 처음 만났을 때부터 지금까지 머릿속에 강하게 남아 있는 인상
입니다. 수업과 관련된 내용을 하나라도 놓치지 않으려는 모습이
대견하기도 하고 한편으로는 섬뜩하게도 느껴졌습니다. 한번은 2
학년 때 문학시간에 여러 소설의 예를 통해 소설의 시점에 대해 설
명하던 도중 2가지 시점이 겹치는 부분에 대해 끊임없이 질문하는
바람에 오히려 제가 당황했던 적도 있었습니다. 지금 생각하면 자

기 스스로의 의문을 가지고 끊임없이 노력하는 학생의 모습을 느끼게 해준 소중한 추억입니다. 이렇듯 수업과 자기 공부에 열중한 결과 사교육을 한 번도 받지 않고 재학 기간 내내 전교 1등을 거의 놓친 적이 없습니다.

논리적인 사고력과 창의적인 문제해결 능력도 뛰어나 논술에도 재능이 탁월합니다. 평소에도 늘 신문과 책을 가까이 하고 우리 사회에서 일어나는 여러 가지 문제에 대하여 '왜?'라는 질문을 통해 스스로 그 답을 찾으려는 노력이 돋보입니다. 이러한 노력의 결과 교내 논술경시대회에서 3차례 최우수상을 수상(2007.12.24, 2008.12.24, 2009.5.15)한 바 있습니다.

학교 공부로 인해 여유 시간이 부족함에도 불구하고 영어와 역사에도 관심이 많아 평소 틈틈이 노력하여 TEPS 1급(2008.2.3)과 한국사능력인증 1급(2008.11.28)을 취득하였습니다. 이러한 점으로 볼 때 위 학생은 여러 방면에 관심과 열정이 많고 일단 계획을 세우고 마음을 먹었으면 꼭 실천하는 학생이라 할 수 있습니다. 논리적인 사고력과 창의적인 문제해결력 그리고 이 사회에 대한 관심과 글로벌 시대에 필수적인 영어 능력까지 앞으로 자신이 원하는 경영전문가, 기업전문 법조인이 되기에 충분한 능력을 갖춘 학생이라 생각합니다.

2. 학업능력 이외의 개인적 특성(봉사성, 잠재력, 인생관, 리더십, 공동체의식 등)을 중심으로 지원자를 이해하는 데 도움이 되는 내용이나 지원자를 추천하는 이유에 대하여 기술하여 주십시오.

'공부 잘하는 아이는 자기밖에 모르고 이기적이다'는 인식이 일반적입니다. 하지만 위 학생은 다른 사람에게 피해를 주지 않고 모든 일에 최선을 다하려 노력하는 학생입니다. 담임을 하면서도 제일 지도하기 힘든 시간 중 하나가 청소시간입니다. 많은 학생들이 청소를 귀찮은 것으로 여기고 자기가 맡은 구역이 있음에도 불구하고 화장실을 가거나 다른 반 친구와 이야기를 나누기가 다반사입니다. 그러나 위 학생은 한 번도 자기가 맡은 구역의 청소를 게을리 한 적이 없으며 청소가 부족한 구역도 친구들을 독려하며 자기가 앞장서서 청소하는 모습을 보였습니다.

몇몇 공부 잘하는 아이들이 자신의 공부를 위해 반장이나 학급의 임원을 하는 것을 꺼리지만 위 학생은 1학년 때는 학급의 부반장으로 반장을 도와 반의 면학분위기 조성과 학급의 어려운 학생 돕는 데 앞장섰으며, 2학년 때는 전교 생활지도부원으로 활동하면서 매일 아침 등교지도와 점심시간 급식지도를 성실히 수행하였습니다. 또한 주말과 방학을 이용하여 울산 인근에 지체장애 아동의 수용시설인 '수연재활원'을 찾아가 학습 및 놀이활동 보조, 생활실 청소 및 식사지원 등의 봉사활동을 지속적으로 실시하였습니다. 처음에는 낯설고 힘들었지만 시간이 지나고 봉사 횟수가 늘어나면서 그들과 교감하며 장애인을 어떻게 도와야 하는지 알게 되었고, 장애에 대한 인식도 많이 달라졌다고 말하는 모습에서 봉사활동을 통해 진정한 봉사의 의미를 깨달아가고 있는 것 같습니다. 이러한 활동을 인정받아 대한적십자사로부터 사회봉사부문 표창장을 수상하기도 하였습니다(2009.5.8).

3. 지원자의 수상경력 중 가장 의미 있다고 생각하는 수상을 순서대로 3개 이내로 기술하여 주십시오(장학금, 인증서 등 포함).

▶ 수상경력이 없거나 큰 의미를 부여할 만한 상이 아닌 경우는 기술하지 않으셔도 됩니다.

4. 1~3번 항목 이외 지원자의 평가에 고려할 만한 사항이 있는 경우 기술하여 주십시오.

▶ 가정환경이 어려워 장학금이 필요한 경우에는 지원자의 가정환경(성장과정, 생활여건 등)에 대하여 구체적으로 기술해 주십시오(장학금 신청여부가 평가에 직접적인 영향을 미치지 않습니다).

▶ 특별히 추가할 사항이 없는 경우는 기술하지 않으셔도 됩니다.

거의 모든 아이들이 학원으로 내몰리는 상황에서 자신만의 노력으로 좋은 대학을 가기란 어렵다고들 말합니다. 그러나 위 학생은 단 한 번도 사교육의 힘을 빌리지 않고 자기의 계획과 노력으로 전교 1등을 유지해 왔습니다. 그것만으로도 위 학생의 가능성과 잠재력은 충분하다고 생각합니다. 또한 이러한 학생이 입시에서 좋은 결과를 얻어야만 많은 학생들이 희망을 가지고 스스로 공부하는 습관을 기르며 나아가서는 우리나라의 공교육이 정상화될 수 있다고 생각합니다.

공부만이 아닙니다. 때로는 무뚝뚝하고 융통성이 없어 보이는 겉모습 때문에 오해를 받기도 하지만 묵묵히 자신이 맡은 역할에 충실하며 자만하지 않고 늘 노력하려는 태도, 남을 이해하고 배려하는 태도가 타의 모범이 되는 학생입니다. 이러한 훌륭한 학생이 귀교에서 자신의 꿈을 펼칠 수 있는 기회가 주어지길 진심으로 바랍니다.

나. 연세대학교

1. 추천인이 지도하였거나 알고 지낸 다른 학생들과 비교하여 지원자를 평가한 후 다음 항목에 표기하여 주십시오.

추천인은 지원자를 　　년　　개월 동안 알고 지냈으며, 다음의 평가그룹과 비교하여 평가하였습니다.
(다만, 추천인이 지원자의 지도교사가 아닌 경우 기타 란에 비교 대상그룹을 기술하여 주십시오.)

⊙ 지금까지 지도한 고등학생 3학년생 전체 ｜ ○ 현재 재직 중인 고교의 3학년생 전체 ｜ ○ 현재 재직 중인 고교의 4년제 대학 지원자 ｜ ○ 기타 (　　　　)

구분	평가 항목	평가 불가	매우 부진	부진	보통	우수 (상위5-10%)	매우 우수 (상위1-5%)	매우 탁월 (상위1%이내)
학교 생활 태도	수업시간의 학습태도	○	○	○	○	○	○	●
	동료학생들과의 관계	○	○	○	○	○	○	●
	교사에 대한 태도	○	○	○	○	○	○	●
	교내활동 참여	○	○	○	○	○	○	●
개인 적 자질	독창적 사고력	○	○	○	○	○	●	○
	논리적 사고력	○	○	○	○	○	○	●
	도전정신	○	○	○	○	○	○	●
	리더십	○	○	○	○	○	○	●
	책임감	○	○	○	○	○	○	●
	의사소통 능력	○	○	○	○	○	○	●
	사회봉사활동 참여	○	○	○	○	○	○	●

※ 지원자가 특별히 우수하여 다음 사항에 해당되는 경우 표기하거나 기술하여 주십시오.

◉ 지금까지 (년 동안) 지도한 학생 가운데 가장 우수(어떤 측면에서 우수한지 아래 난에 간략히 기술)

(지원자는 '집중력과 의지'가 뛰어납니다. 이는 많은 선생님들의 공통된 의견이기도 합니다. 한 분야에 몰두해서 연구하면 뛰어난 업적을 남길 수 있는 자질이라고 생각합니다.)

○ 기타 (   )

※ 아래 2~4번 문항은 해당사항이 없을 경우 '해당사항 없음'으로 기술하여 주십시오.

2. 지원자의 학업능력 또는 학교생활 태도(수업태도, 수업참여도, 교내활동 참여 등)와 관련하여 고려해야 할 사항이 있다면 경험적 사례를 들어 구체적으로 기술하여 주십시오.

지원자는 호기심이 강하고 학업에 대한 성취 욕구가 강하여 의문이 생기거나 이해가 가지 않는 내용이 있으면 교무실로 찾아와 질문을 통해 적극적으로 해결하는 학생입니다. 그런데 해결되었다고 끝나는 것이 아니고 지원자는 선생님의 설명을 바탕으로 자신의 생각을 차분히 다시 정리합니다. 이렇게 생각을 잘 정리한다는 점은 지원자의 중요한 장점입니다. 이러한 결과로 지원자는 전 교과 성적이 매우 우수합니다. 지원자의 학업능력이나 학업에 대한 열정은 수상경력을 보면 확인할 수 있습니다.

수업 태도가 정말 좋고 반응이 있는 학생입니다. 그리고 어려운 상황을 접했을 때 아등바등하지 않는 긍정적인 점이 돋보입니다. 고3 때 지원자를 지도한 수학 선생님은 '지원자는 수학적으로 아주 탁월한 학생은 아니다. 하지만 생각 정리를 잘하고 수학에 대한 흥미와 수학적 기본을 두루 잘 갖추고 있다. 배워서 알게 된 것을 잘 익혀서 적용할 줄 알며, 수업 시간에 수학에 임하는 태도가 여유롭고도 끈기 있어서 돋보인다. 또한 문제에 대해 일반적으로 나오는 답이 아니라 다른 방법으로 답을 찾으려고 노력하며 실제로도 다양한 해법을 제시한다. 수학 시간에 풀이를 한 후 추가적인 질문이 나올 경우가 많은데 그 질문에 대한 답을 찾아가는 과정이 학생들에게 더 큰 학습의 장이 되기 마련이다. 지원자는 그런 과정에 던져지는 질문에 대한 답을 순발력 있게 잘 찾아내고, 대수적 표현력이 뛰어나서 명료한 풀이 방법을 많이 선보이며, 문제에 대해 전체적인 구조를 그려내고 핵심이 무엇인지 논리적으로 짚어낼 줄 아는 학생이다'며 칭찬하십니다. 특히 수학 시간에 다른 학생들의 발표가 다소 부족할 경우 지원자가 지원자 특유의 쉬운 언어로 마무리 설명을 하여 다른 학생들을 이해시키는 데 큰 도움이 되었던 적도 있다고 합니다.

자연계열에서 공부를 좀 한다는 학생들이 흔히, 의과대학에 진학하기를 원하는 것처럼 지원자 역시도 1학년 때 성적이 곧잘 나오자 의과대학 진학을 바랐습니다. 하지만 시간이 흐르면서 점차로 다른 분야에 관심을 갖는 모습이 보였고, 2학년에 진학하면서부터는 큰누나(현재 서울대학교 의과대학 본과 1학년 재학 중)가 공부하는 모습을 보고 큰누나의 이야기를 들어보니 의과대학은 지원자 자신과 맞지 않는 것 같다면서 당시(2010년) 3학년 담임을 하고 있던 추천인을 찾아와 진학에 대한 이야기를 나누었던 기억이 납니다. 그 후 유니스트와 포스텍 등에서 주최하는 여러 과학 활동에 참여하고 오더니 전기공학을 전공해서 대학이나 연구소에서 연구하는 일을 하면 참 재미있을 것 같다는 말을 추천인에게 했습니다. 고등학교를 벗어나 대학의 연구실에서 경험한 실험이 지원자에게는 꽤나 매력적이었던 모양입니다. 그 후 지원자가 진로를 결정하고 준비하는 과정에서 보인 열정과 집념은 대단했습니다. 2학년 학생이 3학년 진학실을 수시로 드나들면서 대학 진학과 관련한 의문을 해결했고, 교과와 관련해서도 2학년 때부터는 전교 1등을 한 번도 놓치지 않고 지금까지 지켜오고 있습니다.

지원자는 지역공동영재학급과 공교육 논술학교에 학교장의 추천을 받아 참가했습니다. 지원자는 여러 학교의 우수한 학생들과 함께 공부하면서 겸손한 자세로 자신의 부족함을 채울 수 있었던 순간이라고 그 시간을 평가했습니다. 추천인의 판단으로도 지역공동영재학급과 공교육 논술학교에서의 활동은 지원자에게 유연한 사고와 협의의 중요성을 알게 해 준 소중한 경험이었을 것으로 판단됩니다.

지원자는 과학 분야 독서량이 많아 관련 지식이 풍부하고 폭 넓습니다. 교과서에 제시된 단순 지식의 암기가 아닌 기본 개념과 원리에 대한 이해력, 자연현상 및 일상생활에서 나타나는 여러 현상에 대해 적절한 해결책을 찾는 창의적 사고력 또한 우수합니다. 고등학교 교육과정의 범위를 벗어나는 공부를 해보지 않은 상황에서 대학에서의 성공을 장담할 수는 없지만, 3년 가까이 지원자를 지켜본 추천인의 판단으로는 지원자의 이 같은 능력을 고려할 때 지원자가 관련 분야에서 핵심적 역할을 할 가능성이 클 것으로 생각됩니다. 보다 훌륭한 여건 속에서 체계적인 학습의 기회를 갖는다면 지원자의 성장 가능성은 무한할 것입니다.

3. 객관적 지표(교과 또는 학업역량)로 드러나지 않는 지원자의 <u>잠재적 능력 또는 인성</u>과 관련하여 고려해야 할 사항이 있다면 경험적 사례를 들어 <u>구체적으로</u> 기술하여 주십시오.

추천인은 지원자에게 고마운 마음을 가지고 있습니다. 지원자가 속해 있는 학급은 3학년 중에서도 다른 학급에 비해 성적이 두드러지게 나은 학급이고 상위권에 속하는 학생들도 많은 편입니다. 수업 시간에 분위기를 주도하는 학생들이 누구냐가 학급의 분위기를 결정하는데, 지원자가 속해 있는 학급은 공부에 관심을 가지고 열심히 하는 학생들이 학급 분위기를 주도하는 편입니다. 그러다보면 성적이 뒤지는 학생들은 잘하는 학생들 사이에서 의기소침해지고 다른 쪽으로 마음을 돌리기 마련인데, 지원자는 그 학생들의 학업 수행과 긍정적인 학급 분위기 형성에 큰 도움을 주었습니다. 특히 ○○○, ○○○ 학생에 대해서는 멘토를 자청하여 두 학생의 학업 수행을 도움으로써 두 학생의 성적이 향상되었음은 물론이고 이전과는 달리 자신들도 하면 할 수 있다는 긍정적인 마음도 갖게 되었습니다. 담임으로서 미처 신경 쓰지 못한 부분이었는데 지원자의 마음 씀씀이가 참 고마웠습니다.
올해 지원자의 학급에서는 학급활동으로 세이브더칠드런이라는 국제아동권리기관을 통해 기부활동을 하고 있는데 지원자는 이를 준비하는 역할을 맡았습니다. 지원자가 속한 학급의 급훈이 '베푸는 마음'인데, 학기 초에 급훈을 정하고 급훈에 대해 각자의 생각을 말하는 학급 시간 중에 지원자가 기부활동을 제안했습니다. 지원자 자신은 이미 1학년 때부터 '유니세프'를 통해 기부활동을 하고 있다면서 고등학교에서 마지막 한 해를 보내는데 의미 있는 일을 해보자며 친구들을 설득하는 것이었습니다. 남학생들이다 보니 그들 특유의 다듬어지지 않은 표현들이 오가긴 했지만 '인간의 상냥함'에 대해 다시 생각하게 하는 순간이었습니다. 거창하게 표현하지는 못하겠지만 지원자가 이 기부활동을 주도하면서 소중한 느낌을 간직하였을 것으로 기대됩니다.

'최상위'라는 학습능력이나 결과보다도 지원자에게 가장 돋보이는 점은 성실함을 들 수 있습니다. 지원자는 학교수업과, 방과후학교 및 심화수업 등 오로지 공교육의 범위 내에서 열심히 공부하여 왔습니다. 3학년이 되어서는 쉬는 시간이나 식사시간 같은 자투리 시간에도 공부에 집중하면서 심야까지 학교의 정독실을 지키는 성실함을 보이고 있습니다.

또한 지원자는 1, 2학년 때는 학급 반장으로서의 역할을, 3학년 때는 학급 부반장으로서의 역할을 성실히 수행했으며, 2011학년도 전교 학생회장 선출을 위한 선거관리위원회 위원장을 맡아 선거 진행을 원활하게 이끄는 능력을 발휘했습니다. 특히 위에서도 언급했듯이 전체에서 소외되기 쉬운 학생들에 대한 관심이 각별하여 학급 구성원들 사이에서 깊은 신뢰를 받고 있습니다. 뿐만 아니라 수학 동아리 'MIT'의 부회장을 맡아 다양한 체험 활동을 기획하고 실행하는 과정에서 지원자의 적극적이고 진취적인 모습을 볼 수 있었습니다.

지원자는 성실함을 바탕으로 자신의 논리성을 창의적으로 펼칠 수 있는 능력을 가진 학생입니다. 반듯한 성품에 타인에 대한 배려도 뛰어나 미래 사회의 단단한 초석이 될 인재입니다. 귀 대학에서 보다 체계적인 교육을 받는다면 우리 사회의 훌륭한 인재로 성장할 수 있으리라 확신합니다. 학업과 다양한 활동을 병행하면서 조금씩 성장하고 있는 지원자가 귀교에서 보다 큰 능력을 발휘할 수 있기를 진심으로 바랍니다.

4. 지원자의 교육환경(성장과정, 생활여건, 지역적 특성 등)과 관련하여 고려해야 할 사항이 있다면 경험적 사례를 들어 구체적으로 기술하여 주십시오.

가정적으로 1남 2녀의 막내로 태어나 큰 탈 없이 고등학교 1학년까지의 학교생활을 했으나, 고등학교 1학년 때 지원자의 아버지가 다니시던 직장을 잃게 되면서 가정이 경제적으로 많이 어렵게 되었습니다. 지원자의 어머니도 아버지만 믿고 가사에 전념하던 상태에서 대학생인 두 누나의 등록금까지 마련하느라 가계가 경제적으로 위기에 처했다고 합니다. 당시 담임선생님도 이 상황을 잘 인지하시고 지원자가 장학금을 받을 수 있도록 도와주셨고 지원자가 학업에만 열중할 수 있도록 배려하셨다고 합니다.

하지만 지원자는 갑작스런 상황 변화 속에서도 학업에 대한 열정을 가지고 꾸준히 노력하였고 그 결과 전국학력평가 및 학교 정기고사에서 상위권을 유지할 수 있었습니다. 더군다나 아버지가 실직하시기 전보다도 성적이 더욱 향상되는 모습을 보여 주고 있어 주위 선생님들을 뿌듯하게 해주었습니다.

지원자는 호기심이 왕성하고 열의가 있습니다. 한번 품은 의문은 담당교사를 끈질기게 붙잡고 늘어져서라도 해결하려는 고집이 있습니다. 허황된 꿈보다는 실현 가능한 것부터 시작해서 자신의 꿈을 하나씩 체계적으로 실현하는 신중한 모습도 보입니다.

또한 지원자는 자신의 장·단점을 잘 알고 있으며 하고자 하는 일에 대한 확신이 있습니다. 학업적인 면에서 놀라울 정도의 결과를 보이고 있어, 나은 여건이 주어진다면 훨씬 더 큰 발전을 보일 것으로 기대됩니다. 지원자 특유의 여유와 긍정적 사고는 앞으로 공부를 하면서 겪게 될 어떤 어려움도 이겨낼 수 있는 힘이 될 것입니다.

지원자가 귀교에서 보다 뛰어난 인재로 성장할 수 있기를 바랍니다.

5. 종합평가:

본인은 지원자를

약간 츠천합니다	추천합니다	강력히 추천합니다	매우 강력히 추천합니다
○	○	○	●

다. 고려대학교

□ 다음의 1, 2번 각 항목에 대하여 지원자를 "∨"로 평가하여 주십시오(단, 평가척도 순서는 오른쪽으로 갈수록 우수합니다).

1. 지원자의 학업관련 영역에 대하여 "∨"로 표기하고, 평가에 고려할 만한 사항이 있는 경우 사례 또는 그렇게 평가한 이유를 기술하여 주십시오.

평가항목	미흡	보통	우수함	매우 우수함	탁월함
1) 학업성취도(전 교과)	☐	☐	☐	☐	☐
2) 학업성취도(관련교과)	☐	☐	☐	☐	☐
3) 수업참여도	☐	☐	☐	☐	☐
4) 분석능력 및 논리력	☐	☐	☐	☐	☐
5) 창의력	☐	☐	☐	☐	☐
6) 학습발표력	☐	☐	☐	☐	☐

평가항목 중 구체적 사례를 열거할 수 있는 경우 적어 주십시오(띄어쓰기 포함 500자 이내, 굴림체 10포인트)

상기 ○○○ 학생은 본교 인문계의 전 교과 영역에서 최고의 성취도를 보인 학생입니다. 특히 진로를 생각하는 사회계열의 성취도는 매우 탁월합니다. 대부분의 수업시간에는 정자세로 교사의 눈을 응시하며 설명에 대해 고개를 끄떡이며 긍정의 반응을 보여 수업에 대한 활력을 줍니다. 이해가 되지 않는 부분에 대해서는 수업을 마치고 교사에게 따로 찾아와 심화 내용을 질문합니다. 2학년 때 교지에 실은 사회과학적 관점에서 본 학생 행동 분석의 소논문은 탁월한 시각에서 학생 생활을 분석한 내용이었습니다. 또한 교내 토론대회에서 입론자로 나서 무상급식과 기여입학제에 대해 분석하는 내용을 보았을 때 논리력과 분석능력을 충분히 갖추고 있었습니다. 토론대회에서는 심사위원 전원이 상기 학생의 발표에 대해 가장 높은 점수를 주었는데 이는 학생이 다른 학생에게 논리적인 주장을 호소하는 능력을 높이 평가한 결과입니다. 이런 점에서 상기 학생이 가진 학업 관련 능력은 최고의 기량으로 사료됩니다.

2. 지원자의 인성 및 대인관계에 대하여 "V"로 표기하고, 평가에 고려할 만한 사항이 있는 경우 사례 또는 그렇게 평가한 이유를 기술하여 주십시오.

평가항목	미흡	보통	우수함	매우 우수함	탁월함
1) 책임감	☐	☐	☐	☐	☐
2) 성실성	☐	☐	☐	☐	☐
3) 준법성	☐	☐	☐	☐	☐
4) 자기 주도성	☐	☐	☐	☐	☐
5) 리더십	☐	☐	☐	☐	☐
6) 협동심	☐	☐	☐	☐	☐
7) 나눔과 배려	☐	☐	☐	☐	☐

평가항목 중 구체적 사례를 열거할 수 있는 경우 적어 주십시오(띄어쓰기 포함 500자 이내, 굴림체 10포인트).

학생은 중학생 때부터 부모님이 공부에 대한 강요를 전혀 하지 않았다고 합니다. 학원은 중학교 때 영어 학원을 잠시 다녔을 뿐 거의 자기 주도적인 학습을 하였습니다. 특히 3학년 때 언어 영역의 공부를 위해 다른 학생들과 함께 자발적으로 스터디 그룹을 구성하고 교재를 선택하여 점심시간과 저녁시간에 지속적으로 함께하는 공부를 이끌었습니다. 스터디 그룹 구성원 중에서 3학년이 되어 자신의 꿈을 실현하기 위해 공부에 매진하는 학생이 있었는데 언제나 이 학생을 배려하며 차근히 배움을 나누는 모습을 보았습니다. 평소 규칙을 잘 지켜 모범학생상도 수상하였습니다. 운동 면에서는 축구에 아주 뛰어난 실력을 가지고 있어 체육시간이면 다른 학생들을 조직하여 축구시합을 진행하고 있습니다. 운동신경이 부족한 학생도 포지션을 지정하여 주며 같이 즐기는 운동을 하고 있습니다. 학급에서 실시한 산행과 마라톤 대회 참석에도 언제나 적극적으로 나서는 모습을 보였습니다. 이러한 점을 고려할 때 상기 학생은 인성과 대인관계도 아주 탁월하다고 사료됩니다.

3. 지원자에 대한 종합적인 의견을 간략히 작성해 주십시오.

담임선생님 의견:

상기 학생은 학업능력이 본교 인문계 학생 중에서 최상위의 성취도를 보여주고, 대인관계와 타인에 대한 배려 면에서도 탁월한 학생입니다. 특히 학문에 대한 이해력과 탐구력은 수업 시간뿐만 아니라 다양한 모둠활동과 교지 등에 실린 글에서 잘 나타납니다. 사회학을 가르치는 교사로서 사회학에 대한 보기 드문 학생의 열정이 학자로서 미래에 대한 무한한 기대를 하게 하였습니다. 또한 학급에서 타인을 배려하고 같이 사는 공동체 사회를 실현하는 모습도 훌륭하다고 생각되었습니다.
이러한 점을 고려할 때 본교에서 추천하는 상기 학생은 귀교의 학교 추천자 전형에 아주 적합하다고 사료되어 추천합니다.

교장 선생님 의견:

상기 학생은 학업 성적이 뛰어나고 평소 올바른 태도를 보이는 학생으로 교내 모범상을 수상하였습니다. 오랜 전통을 가진 본교에서 3년 동안 최고의 학업 성취도를 보이고, 모범적인 학생으로 상을 수상한 점을 고려할 때 귀교에 추천하기에 충분한 재능과 자질을 갖춘 학생이라고 생각됩니다. 또한 최근 교내 토론에서 보여준 입론의 능력은 어른들의 논리를 능가하였습니다. 금상이라는 수상실적에서 알 수 있듯이 학생의 발표력과 논리력은 아주 훌륭하여 이 사회를 이끌어가는 리더가 될 수 있을 것으로 생각됩니다. 우리나라를 이끌어 가는 많은 인재를 배출한 귀교에 이 학생이 입학한다면 자질을 더욱 발전시켜 사회 발전의 초석이 될 것입니다.
본교에서 추천하는 이 학생이 귀교에 입학하여 보다 훌륭한 인재로 성장하기를 바랍니다.

라. KAIST

1. 지원자의 전반적인 학습능력, 학습동기, 학습태도, 학업에 대한 열정, 지적 호기심, 창의성, 논리성 등에 대하여 구체적인 사례를 들어 기술하여 주십시오(700자 이내, 띄어쓰기 포함).

지원자는 2학년에 재학 중 건강상의 이유로 휴학했다가 복학한 학생입니다. 한 학기의 짧은 시간 동안에 건강을 회복할 수 있었던 것은 본인의 강한 의지력도 있었지만 학업에 대한 열정과 의욕이 대단했기 때문이라고 생각합니다.

우선 학습능력은 본교 3학년 397명 중 최상위권(1% 이내)에 속하며 수학(1등급) 및 과학(1.1등급)과 외국어(1.2등급) 등과 같이 탁월한 능력을 갖추고 있으므로 KAIST가 추구하는 '창의적 글로벌 인재'에 적합한 학생이라고 판단됩니다. 학생은 '네트워크 보안전문가'가 되는 것이 꿈입니다. 교과학습은 물론 컴퓨터와 외국어 분야까지 열정을 갖고 학업에 임하는 것은 진로분야에서 최고의 전문가가 되고자 하는 포부를 갖고 있기 때문일 것입니다.

지원자는 개념과 원리를 중시한 교과학습에 충실하면서 더불어 과학에 관련된 많은 도서를 읽음으로써 얻은 풍부한 지적 상식과 과학에 대한 호기심을 키워왔으며, 과학 동아리에서의 실험활동을 통한 지속적인 탐구, 다양한 체험활동(카이스트, 포스텍, 서울대 방문을 통한 활동) 등을 통하여 이공계 분야의 학업에 대한 열정과 탐구정신 그리고 과학적 상상력과 창의력을 향상시켜 왔다고 생각합니다.

또한 과학탐구대회와 과학탐구토론대회에서 보여준 학생의 진지하고 열성적으로 토론하는 모습에서 창의적이고 과학적 논리성을 갖춘 인재임을 알 수 있었습니다.

2. 교내외 활동에서 나타난 지원자의 개인적 자질 및 품성(성격상의 장·단점, 인품의 깊이, 내적 성숙도, 봉사정신, 리더십, 교우관계, 교사평판 등)에 대하여 구체적인 사례를 들어 기술하여 주십시오 (700자 이내, 띄어쓰기 포함).

지원자의 최대 장점은 가정교육이 제대로 되어 있다는 것입니다. 성품이 강직한 아버지의 영향을 받아서 그런지 항상 겸손하며 긍정적이고 신뢰를 가장 중요하게 생각하여 교우관계가 원만할 뿐만 아니라 선생님들 사이에서도 소신 있고 예의 바른 학생으로 잘 알려져 있습니다.
복학생임에도 불구하고 자신을 낮추고 후배들에게 접근해 감으로써 학급 및 전체 학생들로부터 두터운 신임을 받고 있다는 점에서 내적 성숙도를 알 수 있고, 학생회 간부로서 교내생활 선도활동을 원활히 수행하여 저학년 학생들로부터 존경을 받는 사실로써 리더십을 엿볼 수 있으며, 또한 ○○축제에서 학생회 학예부장으로써 분주하게 동아리들을 둘러보고 지원을 아끼지 않았음을 볼 때 책임감이 투철한 학생임에 분명합니다.
2년에 걸쳐 지속적으로 봉사활동(210시간)을 실행해 왔고, 다양한 체험활동(카이스트 이공계적성탐색 및 리더십배양, 선진학교견학, 포항방사광가속기견학, 이공계대탐험 등)을 통하여 창의적 사고능력을 배양했으며, 동아리(○○○, ○○봉사단 과학봉사반)활동 등을 통해 탐구능력과 지적 호기심도 풍부해졌습니다. 또한 각종 경시대회나 프로그램 경진대회에서 좋은 실적을 나타내고 있습니다. 외국어능력(TOEIC 875점, 모의고사 외국어영역 1등급, 외국어교과 1.2등급)에 있어서도 우수한 결과를 보임으로써 글로벌 인재로서의 기본적인 자질을 갖추었다고 생각됩니다.

3. 지원자가 과학기술분야에서 보이는 영재성, 잠재력, 미래 성장 가능성이나 특기할 만한 성취 등이 있다면 구체적인 사례를 들어 기술하여 주십시오(700자 이내, 띄어쓰기 포함).

지원자의 학교생활 중 가장 돋보이는 부분은 일반계 고등학교 학생으로서는 드물게 동아리 활동에 열정을 갖고 참여했다는 것입니다. 동아리 활동을 통해서 사고의 유연성은 물론 창의적 사고력과 다양한 인간관계를 향상시켜 글로벌 인재가 되기 위한 충분한 자질을 향상시켜왔습니다. 뿐만 아니라 다양한 과학경시대회 및 탐구대회 참가는 물론 지역사회 과학기술관련 행사나 축제에 참가하는 등 꾸준히 과학적 잠재력을 키워왔습니다.

특히, 지원자는 '네트워크 보안전문가'라는 분야에 관심이 많아 컴퓨터는 물론이고 CCNA자격증을 준비할 정도로 진로분야에 대한 준비도 해왔습니다. 처음엔 '신약 개발'에 관심이 있었지만 다양한 과학체험활동을 통해서 '네트워크 보안전문가' 분야가 자신의 적성과 특기에 적합하다는 것을 알게 되었고 이후 자신의 진로 분야에 대한 치밀한 준비와 열정을 갖게 된 것 같습니다.

얼마 전에는 국제적인 활동에 있어서 지원을 받고자 MENSA(Korea) 회원으로 가입해 두었다고 하니 선천적으로도 재능이 있는 학생임은 분명한 것 같습니다.

이와 같이 지원자는 진로 분야에 전문가가 되기 위해 교과학습능력뿐만 아니라 비교과영역까지 경험이 풍부하고 높은 잠재력을 갖추고 있어 '글로벌 인재'가 되기에 충분하다고 생각됩니다.

4. 위에 기술한 내용 외에 평가에 고려할 수 있는 지원자에 대한 기타 참고사항(가정 및 지역 환경, 어려움을 극복한 사례 등)이 있다면 기술하여 주십시오(700자 이내, 띄어쓰기 포함).

지원자는 본교에 입학한 2007년 말부터 갑자기 건강이 좋지 않았습니다. 의사의 소견으로는 외부 요인이 아니라면 너무 무리한 활동으로 인한 피곤함에서 발병될 수 있다는 '갑상선 기능 항진증'이었습니다. 주위에서 충분한 휴식과 휴학까지도 권했지만 학업에 대한 열정과 친구들과의 결별이라는 아쉬움 때문에 무리하게 1학년을 마치게 되었습니다. 2학년 과정에서 의사의 진단결과 일정기간 휴식을 취하면서 치료하는 것이 바람직하다는 강력한 권유로 부득이 휴학을 할 수밖에 없는 상황이 되었습니다. 본래는 1년을 예상했으나 워낙 학생의 의지력과 학교생활에 대한 그리움이 강했기 때문에 의외로 빨리 완치가 되어 한 학기 만에 복학을 할 수 있게 되었습니다.

휴학 전에도 학교생활에 엄청난 열정을 갖고 생활을 했는데, 복학한 이후에는 힘들지 않겠는가 하는 우려 섞인 시선에도 불구하고 예상과는 달리 복학생의 티를 전혀 내지 않을 뿐만 아니라 더 열심히 솔선수범하는 모습으로 후배들과 잘 어울리고 있으며, 더욱 더 열정적인 모습으로 학업에 매진하여 성적에 있어서도 대단한 향상을 보이고 있습니다. 자수성가하여 회사의 CEO이면서도 박사과정을 수료하고 논문을 준비하는 등 학구열이 대단한 아버지의 영향을 받아서 지원자도 의지력이 강인한 인재로 자란 것 같습니다.

5. 항목별 평가

귀교 재학생들과 비교하여 지원자에 대한 상대적인 평가를 아래 표에 표시하여 주십시오.

구분	상위 1%이내	상위 5%이내	상위 10%이내	상위 20%이내	상위 40%이내	판단유보
학업에 대한 열정 및 집중력	○					
자기 주도적 학습능력	○					
창의적 문제 해결 능력	○					
신뢰적 대인관계 구축 능력	○					
교내외 리더십 및 영향력		○				
봉사 정신 및 활동		○				
표현력과 의사소통 능력	○					
다양한 경험에 의한 열린 사고	○					
KAIST에서의 학업능력	탁월 ☐		우수 ☐		보통 ☐	부족 ☐
KAIST 영어 강의 수강 능력	탁월 ☐		우수 ☐		보통 ☐	부족 ☐

6. 교과 영역 평가

귀교 재학생(3학년 자연계열 202명 기준)들과 비교하여 지원자의 교과에 관한 성취도를 아래 표에 표시하여 주십시오.

구분	상위 1%이내	상위 5%이내	상위 10%이내	상위 20%이내	상위 40%이내	상위 40%미만
학년 전치에서의 상대적 성취도	○					
영어 교과	○					
수학 교과	○					
희망진학 분야관련 과학 교과 (교과목: 물리)	○					
기타 추천을 원하는 교과 (교과목: 화학)	○					

7. 지원자에 대한 종합적인 의견을 기술하여 주십시오(200자 이내, 띄어쓰기 포함).

학교장 추천에 있어 크게 고려했던 부분은 우선 과학기술분야에 대한 호기심과 열정, 그리고 창의성과 잠재성이 어느 정도인가였습니다. 지원자는 과학 분야에 대한 지적능력과 열정, 그리고 다양한 체험활동들을 종합적으로 검토한바 이공계 분야에 최고의 전문가로 성장할 충분한 자질과 KAIST가 추구하는 글로벌 인재가 될 수 있다고 판단되어 추천하게 되었습니다.

마. 포스텍

◾ 학업역량 부문

▶ 평가 기준: 지원자가 속한 학년의 계열 전체 학생 [   ] 명 중 평가

	교육경험 중 최우수	비교그룹 중 최우수 (상위 1%)	비교그룹 중 우수 (상위 5%)	비교그룹 중 상위 10%	비교그룹 중 상위 30%	비교그룹 중 상위30% 이하	판단 유보
전반적인 학업성취도	☐	☐	☐	☐	☐	☐	☐
자기 주도적 학습능력	☐	☐	☐	☐	☐	☐	☐
학업 발전가능성	☐	☐	☐	☐	☐	☐	☐

[판단유보 사유:]

> ▶ 위에서 평가하신 항목들을 중심으로 지원자의 학업역량에 대해 구체적으로 기술하여
>
> 주십시오.
>
> 다른 학생들과 차별화된 이 학생만의 특징이 잘 드러나도록 적어주시기 바랍니다(띄
>
> 어쓰기 포함, 1000자 이내 작성).

고등학교 2학년 때 지원자와 함께한 여러 과학 활동을 통해 지원
자의 다양한 모습을 관찰할 수 있었습니다. 중간고사 기간에 이루
어진 과학전람회와 과학발명대회 준비과정을 지켜보면서 지원자의
시간을 안배해서 자기 주도적으로 학습하는 능력을 엿볼 수 있었
습니다. 지원자는 몸이 약하고 성적에 대한 고민이 많아 시험기간
동안 신경을 쓰면 몸이 아파서 힘들어 할 때가 많습니다. 그럼에도
불구하고 시험기간에 이루어지는 각종 연구 활동과 과학문화 활동
그리고 과학봉사활동에 빠짐없이 참가하였습니다. 2학년 중간고사
때에는 시험 하루 전날 대전에서 열리는 동아리 경진행사에 참여
하기도 하였는데, 새벽부터 버스를 타고 가서 하루 종일 과학부스
를 운영하고 저녁 늦은 시간에야 돌아오는 일정 때문에 희망자만
참여하도록 지도하였습니다. 물론 대회 형식으로 진행되므로 몇 명
이 가서 상을 받아와도 동아리원 전체에게 혜택이 돌아가는 것으

로 누가 자발적으로 참여하는지를 가만히 지켜보았습니다. 다른 친구들은 다음날이 시험이라 이런저런 핑계로 빠지려고 하였지만 지원자는 자발적으로 참여하는 모습을 보였습니다. 그만큼 평소에 자기 주도적으로 학습이 되어 있었다는 것으로 판단되는 모습입니다.

▣ 개인적 특성 부문

	탁월	우수	보통	미흡	판단 유보
품성	☐	☐	☐	☐	☐
자기관리능력	☐	☐	☐	☐	☐
리더십	☐	☐	☐	☐	☐
봉사정신	☐	☐	☐	☐	☐
의사소통능력	☐	☐	☐	☐	☐

[판단유보 사유:]

▶ 위에서 평가하신 항목들을 중심으로 지원자의 개인적 특성을 구체적으로 기술하여 주십시오.

다른 학생들과 차별화된 이 학생만의 특징이 잘 드러나도록 적어주시기 바랍니다(띄어쓰기 포함, 1000자 이내 작성).

지원자의 교우관계를 보거나 선생님들과의 관계를 보면 품성이나 의사소통 능력을 알 수 있습니다. 어릴 때 아파서 휴학을 해서 동기들보다 한 살이 더 많은데도 불구하고 교우관계가 원만한 것을 볼 수 있습니다. 해마다 개최되는 과학세미나에서 지원자는 발표하는 팀장 역할을 수행하면서 현대의 CEO들이 가져야 할 리더십을 엿보기도 하였습니다. 예전의 리더십이 '강한 카리스마'였다면 최근의 리더십은 다양한 의견을 수렴하여 개개인의 능력을 극대화할 수 있는 '부드러운 카리스마'라고 생각합니다. 본교에서 개최되는 과학세미나는 과학탐구토론대회 방식으로 2학년 3명과 1학년 3명이 한 팀을 이루어 조별로 주제탐구를 하고 발표하는 행사입니다. 비교적 많은 팀별 준비기간이 필요하고 팀원들이 자신의 맡은바 임무에 충실해야지만 과제를 수행할 수 있습니다. 지원자는 항상 웃는 모습으로 동기들과 후배들의 능력을 끌어내는 능력을 가졌습니다. 보통의 경우에는 팀원들 간의 의견 충돌과 팀원들의 개인주의 때문에 탐구수행 과정이 늦어지기 마련인데 지원자의 팀은 팀원들이 협동해서 빠른 시일 내에 과제를 수행하는 것을 볼 수 있었습니다. 자기관리 능력은 다른 영역에 비해 조금 떨어진다고 생각하는데 이는 과학문화 확산을 위한 행사 때 장시간 부스 운영을 하면서 체력소모가 굉장히 많습니다. 지원자는 본인이 몸이 약한 줄 알면 적당히 조절을 해야 하는데 한번 활동에 빠지면 힘든 줄도 모르고 참여하고 그 다음 날이면 어김없이 아파서 며칠 동안 힘든 날들을 보내야 합니다. 이러한 점이 지원자의 가장 큰 단점이자 장점인 것 같습니다. 학문에 대한 열정도 이와 같아서 본인이 하고 싶은 일이나 공부가 생기면 누구보다 열정적으로 해낼 것으로 판단됩니다.

■ 지원자를 이해할 때 특별히 참고할 만한 사항(창의성, 역경극복, 가정환경, 학교환경 등)

이 있다면 기술하여 주십시오(띄어쓰기 포함, 1000자 이내 작성).

지원자는 어렸을 때 암에 걸려 학교를 한 해 휴학하여 동년배들보다 한 살이 많습니다. 다리에 상처가 있어서 입학 당시부터 치마가 아닌 바지만 줄곧 입고 다녀 전교생 중에서도 눈에 띄는 학생이었습니다. 이런 지원자가 본교 과학 동아리에 지원하였을 때 걱정이 되기도 하였습니다. 본교 과학 동아리는 17년의 역사를 가진 동아리로 ○○ 지역뿐만 아니라 전국적으로 이름난 동아리입니다. 전국에서 소외계층을 위한 과학봉사활동을 처음 시작하여 3년 연속 봉사대회 대상을 수상하는 등 다양한 과학 활동이 많기로 유명한 동아리입니다. 또한 전국과학전람회 특상, 과학탐구발표대회 대상 등 연구실적 또한 뛰어난 동아리입니다. 유난히 체력이 약해 이런 본교 과학 동아리에서 잘 적응해 나갈지 의문이었고, 1년 선배들과 동네 친구들이라 선후배 규율이 엄한 동아리에서 적응하는 것도 걱정이었습니다. 하지만 선천적인 명랑함과 긍정적인 사고로 3년 동안 동아리 생활을 잘 해왔을 뿐 아니라 오히려 모든 방면에서 모범적인 생활을 하였습니다. 다양한 과학탐구대회에 참가하여 의욕적인 연구 활동을 하였고, 과학봉사 활동에 누구보다 솔선수범하여 참가하였습니다. 비록 행사와 활동이 끝나면 몸이 아파 고생하기는 하였지만 활동하는 동안만큼은 누구보다 열정적이고 즐겁게 활동하는 모습을 줄곧 지켜보았습니다. 작고 약한 모습이지만 암을 이겨낼 정도의 정신력과 긍정적인 사고를 가졌다면 앞으로 어떠한 고난에도 굴하지 않고 극복해내리라 생각합니다.

바. 이화여자대학교

□ 다음의 각 항목에 대하여 지원자를 평가하여 주십시오.

1. 지원자의 학업관련 역량에 대한 평가입니다. 해당사항에 "√"표시 하시고, 하단에 평가 근거와 구체적인 사례를 기술하여 주십시오 (500자 내외).

평가항목	평균이하	평균	우수함 (평균이상)	훌륭함 (상위10%이내)	특별함 (상위5%이내)	상위1% (상위1%이내)
학업성취도	☐	☐	☐	☐	☐	☐
학습태도 및 수업참여도	☐	☐	☐	☐	☐	☐
분석능력 및 논리력	☐	☐	☐	☐	☐	☐
창의력	☐	☐	☐	☐	☐	☐
자기표현력	☐	☐	☐	☐	☐	☐

지원자는 다양한 대회에 참가하면서 탐구과정과 연구 활동에 뛰어난 능력을 발휘하였습니다. 2학년 때는 제1회 국제청소년과학창의 경진대회에 참가하여 은상이라는 큰상을 수상하였으며, 3학년인 올해에도 전국과학전람회에 출전하여 특상을 수상하였습니다. 지금까지 지도한 많은 학생들은 대회 과정 자체보다는 수상에 더 관심을 가지고 상을 받지 못하면 실망을 하고 더 이상 대회에 참가하지 않는 것이 일반적입니다. 하지만 지원자는 수상과는 상관없이 과정 자체를 즐기며 좀 더 나은 연구가 되기 위해 최선을 다하는 모습에서 진정한 연구자의 모습을 엿볼 수 있었습니다. 하나의 과정이 끝나면 다음 과정에 대한 두려움이 없고 새로운 것에 대한 호기심이 강해 미지의 세계에 대한 도전정신을 엿볼 수 있습니다. 연구 활동에서 보여준 인내와 끈기와 다양한 분야에 대한 탐구심으

로 지원자의 성장 가능성은 무한하다고 판단됩니다.

2. 지원자의 인성 및 대인관계에 대한 평가입니다. 해당사항에 "√"
   표시 하시고, 하단에 평가 근거와 구체적인 사례를 기술하여 주십
   시오(500자 내외).

평가항목	평균이하	평균	우수함 (평균이상)	훌륭함 (상위10%이내)	특별함 (상위5%이내)	상위1% (상위1%이내)
책임감 및 성실성	☐	☐	☐	☐	☐	☐
정서적 성숙도	☐	☐	☐	☐	☐	☐
자기 주도력	☐	☐	☐	☐	☐	☐
리더십	☐	☐	☐	☐	☐	☐
협동력	☐	☐	☐	☐	☐	☐

지원자는 다른 친구들보다 한해 일찍 학교에 입학하였습니다. 외모
와 성격은 막내처럼 어려 보이지만 집안에서는 장녀로 책임감이
뛰어납니다. 과학 동아리에서 이루어지는 세미나나 부스 운영 등의
팀 작업에서는 항상 자신이 맡은 분야에 대해서는 책임을 지려고
최선을 다하는 모습을 볼 수 있습니다. 책임감 분야에서는 집에서
도 각종 보고서와 논문을 만들 때도 어머니의 도움을 받지 않고 혼
자서 해결하기 위해 노력을 한다고 합니다. 지원자의 어머니도 교
사라 가끔씩 연락을 주고받을 때가 있는데 그때마다 너무 자기 혼
자 모든 일을 해결하려고 하고 어머니의 도움을 받지 않으려고 해
서 속상하다는 말씀을 하십니다. 바쁜 어머니를 배려한 행동인지
자기 주도력인지는 알 수 없지만 지원자의 특성을 엿볼 수 있을 것
같습니다. 짧은 문장 실력으로 지원자가 가진 장점을 모두 말하는
것은 어려운 일인 것 같습니다. 하지만 귀교에서 수학하기에 부족
함이 없는 학생임에는 틀림이 없는 것 같습니다.

3. 지원자의 재능에 대한 평가입니다. 해당사항에 "√"표시 하시고, 지원자의 재능이 지원자의 대학생활 및 장래에 어떠한 도움을 줄 것이라고 생각하는지 구체적으로 기술하여 주십시오(500자 내외).

평가항목	평균이하	평균	우수함 (평균이상)	훌륭함 (상위10%이내)	특별함 (상위5%이내)	상위1% (상위1%이내)
재능의 우수성	☐	☐	☐	☐	☐	☐
재능계발 의지	☐	☐	☐	☐	☐	☐
도전정신	☐	☐	☐	☐	☐	☐
지속적 발전 노력	☐	☐	☐	☐	☐	☐
성장 잠재력	☐	☐	☐	☐	☐	☐

2학년 중순부터 3학년까지 줄곧 연구한 주제가 "과학적인 개체 수 산정을 통한 ○○지역 까마귀 생태연구"였습니다. 추운 겨울날 까마귀가 언제 날아오고 서식지에서 날아가는지를 몰라 새벽 4시부터 발을 동동 굴리며 까마귀의 비상을 기다리기도 하고 비가 오는 날은 언제 서식지로 날아 들어오는지를 알아보기 위해 비를 맞으며 기다리기도 하였습니다. 생태연구라는 것이 하루아침에 연구 결과가 나오는 것이 아니기 때문에 많은 인내심과 노력이 필요합니다. 지원자는 몇 달 동안 휴일 아침과 저녁마다 까마귀를 관찰하면서도 한 번도 짜증을 내거나 힘들어한 적이 없습니다. 다른 학생들과는 논문 검색과정에서도 영어독해가 가능하므로 참고문헌도 외국 논문이나 저널을 참고할 정도 수준 높은 연구를 진행하여 대회에 참가하여 예상했던 것보다는 아쉽지만 특상이라는 큰상을 수상하기도 하였습니다. 그리고 좀 더 연구를 해보고 싶어 환경학을 더 공부할 수 있는 학과로 대학 진로도 정하였습니다.

4. 지원자의 재능과 관련하여, 가장 의미 있다고 생각하는 활동을 3개 이내로 기술하여 주시고, 그 과정에서 나타난 지원자의 장·단점에 대하여 구체적으로 기술하여 주십시오.

1) 과학전람회 참가 활동

과학전람회 참가를 통해 발견한 지원자의 장점은 끈기와 인내입니다. 몇 달 동안의 지속적인 연구과정과 몇 번이나 반복되는 똑같은 작업에도 즐겁게 참여하여 연구자로서의 자질을 엿볼 수 있었습니다. 단점이라고 하기에는 이상하지만 너무나 긍정적인 사고방식입니다. '이렇게 해서 안 되면 이렇게 해보면 되지'라는 사고로 다양한 방면으로 접근하는 지원자의 모습에서 창의성은 뛰어나지만 뭔가 부족한 모습을 볼 수 있었습니다. 그 부족한 면은 대학에서 지속적인 연구를 하면서 채워나갈 수 있을 것이라 생각합니다.

2) 국제 청소년 과학창의대전(KISEF) 및 과학탐구 발표대회 참가 활동

국제 청소년 창의대전 및 과학탐구 발표대회는 1년 정도의 연구를 바탕으로 3명이 팀을 이루어 연구를 하고 발표를 하는 활동입니다. 이 과정에서 보여준 지원자의 장점은 원만한 대인관계와 협동심입니다. 다른 두 명은 1학년 때 똑같이 팀을 이루어 과학전람회에 참여한 학생들이었습니다. 그 팀의 전람회 결과가 좋지 않았기 때문에 연구과정에서 두 사람의 사이가 별로 좋지 않았습니다. 이 사이에 지원자가 끼어 친구들과 분야를 나누어 연구하고 협동해서 작품을 만들어 내는 것을 주도하는 것을 보았습니다. 그 결과 좋은 결과를 얻게 되었습니다.

3) 과학봉사활동

과학봉사활동에서 엿볼 수 있는 지원자의 장점은 역시 봉사성입니다. 힘들고 다양한 과학봉사활동에 한 번도 빠지지 않고 참여하고 즐겁게 참여하는 모습에서 봉사의 참의미를 아는 것처럼 보입니다. 단점은 일의 우선순위를 잘 결정하지 못하는 우유부단함과 여러 가지 유혹에 쉽게 빠지는 것입니다. 봉사활동이 끝나고 해야 하는 일이 있는데도 불구하고 친구들이 함께 다른 일을 하자고 하면 쉽게 따라 나서는 모습을 볼 수 있었습니다. 친구들의 부탁을 거절하지 못해서인지는 모르겠지만 모든 것이 급할 게 없는 지원자의 특성 때문으로 생각됩니다.

박종석

문학박사, 울산대학교 강사
전국연합학력평가 언어영역 출제팀장(2009~현재)
EBS 수능특강 / 수능완성 검토(2011)
서울대성학원 논술 출제(2007)
울산광역시교육청 통합논술경시대회 출제팀장(2008)
울산광역시교육청 영재학급 논술강사팀장(2008~현재)

「송욱문학연구」(2000)
「송욱 평전」(2000)
「한국 현대시의 탐색」(2001)
「작가 연구 방법론」(2003년도 문화관광부 추천 우수학술도서)
「비평과 삶의 감각」(2004)
「현대시 분석 방법론」(2005년도 제2회 울산작가상)
「조연현 평전」(2006)
「정상으로 통하는 논술」(2007)
「통합교과 논술 100시간」(2008, 공저)
「현대시와 표절 양상」(2008)
「송욱의 실험시와 주체적 시학」(2008)
「에고티스트 송욱의 삶과 문학」(2009)
「박종석의 글쓰기 기술」(개정판, 2011)

chpark650@hanmail.net

김철종

경북대학교 국어교육학과 대학원
전국연합학력평가 언어영역 출제(2009~현재)
EBS 수능특강 / 수능 300제 검토(2011)

김경식

고려대학교 국어교육학과
전국연합학력평가 언어영역 출제(2010~현재)

안세봉

부산대학교 국어교육학과 대학원
전국연합학력평가 언어영역 출제(2009~현재)
EBS 수능 300제 / 파이널 검토(2011)

손규상

고려대학교 국어교육학과
전국연합학력평가 언어영역 출제(2010~현재)

대학을 사로잡는
자기소개서,
추천서

초판발행 2012년 3월 2일
초판 4쇄 2019년 1월 11일

지은이 박종석 · 김철종 · 김경식 · 안세봉 · 손규상
펴낸이 채종준

펴낸곳 한국학술정보(주)
주소 경기도 파주시 회동길 230 (문발동)
전화 031 908 3181(대표)
팩스 031 908 3189
홈페이지 http://ebook.kstudy.com
E-mail 출판사업부 publish@kstudy.com
등록 제일산—115호(2000. 6. 19)

ISBN 978-89-268-3122-9 03710 (Paper Book)
       978-89-268-3123-6 08710 (e-Book)